CAIWU RENYUAN
ZHIYE FENGXIAN FANGFAN

财务人员
职业风险防范

焦爱华 著

防微杜渐

财务工作常见风险规避指南

东北财经大学出版社 大连
Dongbei University of Finance & Economics Press

图书在版编目（CIP）数据

财务人员职业风险防范 / 焦爱华著. —大连 ：东北财经大学出版社，2025.9.—ISBN 978-7-5654-5787-6

Ⅰ. F275

中国国家版本馆CIP数据核字第2025SN3097号

财务人员职业风险防范

CAIWU RENYUAN ZHIYE FENGXIAN FANGFAN

东北财经大学出版社出版发行

大连市黑石礁尖山街217号　邮政编码　116025

网　　址：http://www.dufep.cn

读者信箱：dufep@dufe.edu.cn

大连金华光彩色印刷有限公司印刷

幅面尺寸：170mm×240mm　字数：189千字　印张：13　插页：1

2025年9月第1版　　2025年9月第1次印刷

责任编辑：王　丽　惠恩乐　韩敌非　徐　群　　责任校对：何　群

封面设计：原　皓　　版式设计：原　皓

书号：ISBN 978-7-5654-5787-6　　定价：45.00元

教学支持　售后服务　联系电话：（0411）84710309

如有印装质量问题，请联系营销部：（0411）84710711

前言

在当今充满不确定性的商业环境中，财务人员早已不再是“账房先生”的刻板形象，而是企业合规经营的核心守护者。从资金流转到税务申报，从信息披露到风险管理，财务工作与法律规范的交织日益紧密。然而，现实中的风险挑战却不容乐观：财务造假引发股价暴跌、税务违规导致巨额罚款、资本市场上财务人员沦为犯罪“帮凶”的案例层出不穷。这些事件不仅折射出一些财务人员法律意识的薄弱，更暴露出企业在风险防控体系上的重大缺失。如何在纷繁复杂的法律框架中守住合规底线？如何在业务创新与风险防范之间找到平衡点？这不仅是财务人员面临的现实难题，更是财务人员职业生涯可持续发展的关键命题。

本书正是在这样的时代背景下应运而生的。它源于我在会计师事务所和律师事务所的从业过程中对财务领域法律风险的长期观察与深度思考。过去十多年间，我国经济法治建设加速推进，《中华人民共和国刑法》对财务犯罪条款的修订、《中华人民共和国证券法》对信息披露要求的升级、税收征管数字化改革的深化等法律与征管环境的快速变化对财务人员的职业素养提出了前所未有的挑战。与此同时，财务工作的边界不断拓展，从传统的会计核算延伸到业财融合、数字化转型等新领域，使得法律风险呈现出隐蔽化、复杂化的特征。许多财务人员在日常工作中常常面临这样的困惑：如何判断一笔资金往来是否涉嫌违法犯罪？如何识别业务部门提出的“创新方案”是否隐藏法律风险？如何在不违反保密义务的前提下履行合规报告义务？这些问题的答案，既需要扎实的法律知识，更需要结合实务场景，具备应对风险的智慧。

本书的创作初衷，正是为财务人员提供一本兼具理论深度与实践指导的“风险防控指南”。本书尝试将法律逻辑与财务思维进行融合，确保内容既符合法律规范，又贴近实务操作，通过梳理法律法规、解析典型案例、提炼应对策略，帮助读者构建“识别风险—评估风险—控制风险”的系统能力。如果说本书呈现在读者面前的内容部分地实现了创作初衷，这得益于我在过往职业生涯中，我的客户单位的财务人员对我的信任和帮助。我曾与多位战斗在一线的财务人员开展深度谈话，了解他们在实际工作中遇到的痛点、困惑和需求。正是这些经历，使本书能够有效地避免“纸上谈兵”，真正有益于解决实务中的问题。

本书的内容体系以“全面覆盖、重点突出、实务导向”为原则，共分为七章，层层递进地构建财务人员的法律风险防护网。第一章“与财务人员息息相关的法律法规”总括性地列举了与财务职业关系最密切的法律法规，系统梳理了《中华人民共和国会计法》《中华人民共和国公司法》《中华人民共和国刑法》以及税法等基础性法律的核心条款，让读者从总体上认识到法律红线。第二章“财务工作常规领域风险防范”则将视角转向企业内部，从印章管理、资金审批、合同审核等日常环节入手，揭示那些看似“不起眼”的细节如何引发重大风险。同时，对外部渗入的风险（如供应商欺诈、第三方机构诱导）进行了深入剖析，帮助财务人员筑牢基础防线。第三章“税务领域风险防范”紧扣当前税收征管的最新趋势，不仅介绍了税务健康检查机制的构建方法，还深入探讨了业务与税务融合的实操路径。例如，如何将税务合规要求嵌入合同条款设计、业务流程优化中，避免事后补救的被动局面。第四章“证券领域法律风险防范”直面资本市场的“高压线”。对于上市公司及拟上市公司财务人员而言，欺诈发行、信息披露违规、内幕交易等风险犹如“达摩克利斯之剑”。本章以《中华人民共和国刑法》《中华人民共和国证券法》及相关司法解释为法律依据，详细列举常见风险点及其触发机制、法律责任和应对方案。例如，在“内幕交易的法律风险及财务人员应对策略”一节中，不仅明确内幕交易的定义和主要手段，还为财务人员如何识别与应对内幕交易给出了建议。第五章“与财务工作相关的经济领域常见法律风险防范”则将目光投向更广泛的金融犯罪领域，从非法吸收公众存款、洗钱、骗取贷款等角度切入，帮助财务人员识别企业经营活动中的法律风险，避免因职业疏忽沦为犯罪行为的工具。第六章“财务人员的保护盾：内部控制体系建设”，尝试从制度层面为财务人员提供“护城河”。本书摒弃对内部控制理论的泛泛而谈，而是试图就如何构建有效的内控体系给读者可用的建议。第七章“业财融合：整体思维下财务人员的职业风险控制”则突破传统财务的孤立视角，强调财务人员应深度参与业务流程，从合同谈判、业务模式设计到绩效指标设定，全流程嵌入风险管控。例如，在业务部门提出“灵活处理收入确认时点”的需求时，财务人员如何既维护企业利益又守住合规底线。本章将帮助财务人员在业务与合规之间找到平衡点。

全书以财务工作场景为轴，横向覆盖税务、证券、经济犯罪、内部控制等关键领域，纵向贯穿“法律基础—风险识别—应对策略—体系构建”的完整链条，形成立体化的财务人员必备的知识网络。

本书的目标读者群体是广泛的，对于企业财务人员，从出纳、会计、财务经理到财务总监，本书是提升风险防控能力的必读书，帮助其从“被动救火”转向“主动预防”；对于会计师事务所从业人员，书中提供的风险识别方法和风险应对策略可作为执业参考的工具；对于企业管理者，本书提供的内部控制框架和业财融合策略，能有效提升企业整体合规水平；对于法务人员，本书从财务视角解读法律条款，为其与财务部门协作提供沟通桥梁；对于财务专业的学生，本书可作为职业启蒙读物，提前了解职场中的雷区，为未来工作做好知识储备。

当然，法律环境的动态变化与实务情况的多样性决定了本书无法穷尽所有风险场景。在此，我诚挚邀请读者提出宝贵建议，共同推动财务合规实践的进步。

在这个风险与机遇并存的时代，财务人员唯有以法律为尺、以合规为绳，才能在职业道路上行稳致远。愿本书成为财务人员手中的“明灯”，照亮风险防控的方向；也能够为企业的管理者筑起“防火墙”，守护经营的安全底线；更成为行业进步的“催化剂”，推动财务工作从“合规被动应对”走向“价值主动创造”。希望每一位翻开本书的读者，都能从中汲取有用的知识，在守护企业财务安全的同时，成就自己的职业价值。

作　者

2025年8月

目录

第一章
与财务人员息息相关的法律法规

与财务工作直接相关的法律法规主要涉及财务、会计、税收等方面。重要的法律法规包括《中华人民共和国会计法》（以下简称《会计法》）、《中华人民共和国税收征收管理法》（以下简称《税收征管法》）、《中华人民共和国企业所得税法》（以下简称《企业所得税法》）以及《企业会计准则》、《企业财务通则》等。此外，《中华人民共和国公司法》（以下简称《公司法》）、《中华人民共和国证券法》（以下简称《证券法》）以及证监会颁布的《首次公开发行股票注册管理办法》、《上市公司证券发行注册管理办法》等也与财务工作息息相关。

第一节　财务工作的基础性法律法规

一、会计法是财务人员的根本大法

《中华人民共和国会计法》是财务人员的根本大法，是开展会计核算和财务管理的基础。2021年，国务院办公厅印发《关于进一步规范财务审计秩序促进注册会计师行业健康发展的意见》，要求严厉打击会计审计违法违规行为，发现一起、查处一起，做到“零容忍”。2023年，中共中央办公厅、国务院办公厅印发《关于进一步加强财会监督工作的意见》，提出按照全面依法治国要求，健全财经领域法律法规和政策制度，加快补齐法治建设短板，依法依规开展监督，严格执法、严肃问责。为严厉打击企业伪造变造凭证、利用关联方虚构交易或第三方配合、滥用会计政策和会计估计等方式实施的财务造假行为，迫切需要通过修改《会计法》，加大处罚金额，增加违法成本，依法严肃问责。2024年6月28日，第十四届全国人民代表大会常务委员会第十次会议通过了修改后的《会计法》，自2024年7月1日起施行。此次《会计法》的修改，保持现行基本制度不变，重点解决会计工作中的突出问题，进一步加强财会监督，加大对会计违法行为的处罚力度，切实提高会计信息质量，更好维护社会公共利益。同时，本次修正使得《会计法》与《中华人民共和国注册会计师法》、《中华人民共和国证券法》在处罚标准上相互衔接，提高了相关法律之间的协调性和一致性，大幅提高了对违法行为的处罚标准和追责问责力度，解决了相关法律对会计责任和审计责任罚款金额相差悬殊等实际问题。

（一）谁是会计工作的责任人？

谁对会计工作呈现的结果负责？《会计法》第四条规定“单位负责人对本单位的会计工作和会计资料的真实性、完整性负责”；第二十一条第二款规定“单位负责人应当保证财务会计报告真实、完整”；第五条规定“会计机构、会计人员依照本法规定进行会计核算，实行会计监督。任何单位或者个人不得以任何方式授意、指使、强令会计机构、会计人员伪造、变造会计凭证、会计账簿和其他会计资料，提供虚假财务会计报告。任何单位或者个人不得对依法履行职责、抵制违反本法规定行为的会计人员实行打击报复。”这些规定，既明确了会计工作的责任归属，又为财务人员开展会计工作提供了制度保障。

（二）多套账的问题

企业为了满足不同需求，服务于不同的目的，比如内部管理和决策、税务申报、申请贷款、资质申报、投标等，对同一会计期间的经济业务，编制了多套账务系统，形成数据不同的会计报表。根据《会计法》第九条“各单位必须根据实际发生的经济业务事项进行会计核算，填制会计凭证，登记会计账簿，编制财务会计报告。任何单位不得以虚假的经济业务事项或者资料进行会计核算”、第十六条“各单位发生的各项经济业务事项应当在依法设置的会计账簿上统一登记、核算，不得违反本法和国家统一的会计制度的规定私设会计账簿登记、核算”和第二十条第二款“向不同的会计资料使用者提供的财务会计报告，其编制依据应当一致……”的规定，违反《会计法》和国家统一的会计制度的规定设置多套账，以及直接篡改会计报表数据的行为，是法律所明确禁止的。出于内部管理和决策的需要，按照不同的会计核算方法（如采用收付实现制核算经济业务）编制的账务系统，该账务系统的会计核算结果仅供单位内部相关人员使用，并不违反该条规定。

（三）职业生涯终断条款

《会计法》第三十八条规定：“因有提供虚假财务会计报告，做假账，隐匿或者故意销毁会计凭证、会计账簿、财务会计报告，贪污，挪用公款，职务侵占等与会计职务有关的违法行为被依法追究刑事责任的人员，不得再从事会计工作。”对于从事会计工作的人员而言，这是红线，是雷池，不可逾越。

（四）高悬的达摩克利斯之剑

相较于原《会计法》，新实施的《会计法》在法律责任方面做了重大调整，大幅度提高了对违法单位和违法人员的处罚力度，同时增加了有关从轻、减轻处罚的规定。

1.新旧《会计法》在会计核算与监督、财务造假方面的法律责任的比较

（1）新旧《会计法》在会计核算与监督方面的法律责任的比较

原《会计法》第四十二条规定：“违反本法规定，有下列行为之一的，由县级以上人民政府财政部门责令限期改正，可以对单位并处三千元以上五万元以下的罚款；对其直接负责的主管人员和其他直接责任人员，可以处二千元以上二万元以下的罚款；属于国家工作人员的，还应当由其所在单位或者有关单位依法给予行政处分：（一）不依法设置会计账簿的；（二）私设会计账簿的；（三）未按照规定填制、取得原始凭证或者填制、取得的原始凭证不符合规定的；（四）以未经审核的会计凭证为依据登记会计账簿或者登记会计账簿不符合规定的；（五）随意变更会计处理方法的；（六）向不同的会计资料使用者提供的财务会计报告编制依据不一致的；（七）未按照规定使用会计记录文字或者记账本位币的；（八）未按照规定保管会计资料，致使会计资料毁损、灭失的；（九）未按照规定建立并实施单位内部会计监督制度或者拒绝依法实施的监督或者不如实提供有关会计资料及有关情况的；（十）任用会计人员不符合本法规定的。

有前款所列行为之一，构成犯罪的，依法追究刑事责任。

会计人员有第一款所列行为之一，情节严重的，五年内不得从事会计工作。

有关法律对第一款所列行为的处罚另有规定的，依照有关法律的规定办理。”

新《会计法》第四十条规定：“违反本法规定，有下列行为之一的，由县级以上人民政府财政部门责令限期改正，给予警告、通报批评，对单位可以并处二十万元以下的罚款，对其直接负责的主管人员和其他直接责任人员可以处五万元

以下的罚款；情节严重的，对单位可以并处二十万元以上一百万元以下的罚款，对其直接负责的主管人员和其他直接责任人员可以处五万元以上五十万元以下的罚款；属于公职人员的，还应当依法给予处分：（一）不依法设置会计账簿的；（二）私设会计账簿的；（三）未按照规定填制、取得原始凭证或者填制、取得的原始凭证不符合规定的；（四）以未经审核的会计凭证为依据登记会计账簿或者登记会计账簿不符合规定的；（五）随意变更会计处理方法的；（六）向不同的会计资料使用者提供的财务会计报告编制依据不一致的；（七）未按照规定使用会计记录文字或者记账本位币的；（八）未按照规定保管会计资料，致使会计资料毁损、灭失的；（九）未按照规定建立并实施单位内部会计监督制度或者拒绝依法实施的监督或者不如实提供有关会计资料及有关情况的；（十）任用会计人员不符合本法规定的。

有前款所列行为之一，构成犯罪的，依法追究刑事责任。

会计人员有第一款所列行为之一，情节严重的，五年内不得从事会计工作。

有关法律对第一款所列行为的处罚另有规定的，依照有关法律的规定办理。”

通过对比，我们可以发现：

① 列举出的不得违反的具体行为没有变化；

② 违反本法规定，存在不法行为的，由原先笼统的一刀切式的处罚形式，修正为设置罚款金额的幅度区间，视情节严重与否由县级以上人民政府财政部门做出不同的处罚，且大幅加大了处罚力度，同时增加了“给予警告、通报批评”的处罚手段；

③ 对单位的罚款额度上限由五万元提高到了一百万元，对个人的罚款额度上限由二万元提高到了五十万元。

（2）新旧《会计法》在财务人员财务造假方面的法律责任的比较

原《会计法》第四十三条规定：“伪造、变造会计凭证、会计账簿，编制虚假财务会计报告，构成犯罪的，依法追究刑事责任。

有前款行为，尚不构成犯罪的，由县级以上人民政府财政部门予以通报，可以对单位并处五千元以上十万元以下的罚款；对其直接负责的主管人员和其他直接责任人员，可以处三千元以上五万元以下的罚款；属于国家工作人员的，还应当由其所在单位或者有关单位依法给予撤职直至开除的行政处分；其中的会计人员，五年内不得从事会计工作。”

原《会计法》第四十四条规定：“隐匿或者故意销毁依法应当保存的会计凭证、会计账簿、财务会计报告，构成犯罪的，依法追究刑事责任。

有前款行为，尚不构成犯罪的，由县级以上人民政府财政部门予以通报，可以对单位并处五千元以上十万元以下的罚款；对其直接负责的主管人员和其他直接责任人员，可以处三千元以上五万元以下的罚款；属于国家工作人员的，还应当由其所在单位或者有关单位依法给予撤职直至开除的行政处分；其中的会计人员，五年内不得从事会计工作。”

新《会计法》第四十一条规定：“伪造、变造会计凭证、会计账簿，编制虚假财务会计报告，隐匿或者故意销毁依法应当保存的会计凭证、会计账簿、财务会计报告的，由县级以上人民政府财政部门责令限期改正，给予警告、通报批评，没收违法所得，违法所得二十万元以上的，对单位可以并处违法所得一倍以上十倍以下的罚款，没有违法所得或者违法所得不足二十万元的，可以并处二十万元以上二百万元以下的罚款；对其直接负责的主管人员和其他直接责任人员可以处十万元以上五十万元以下的罚款，情节严重的，可以处五十万元以上二百万元以下的罚款；属于公职人员的，还应当依法给予处分；其中的会计人员，五年内不得从事会计工作；构成犯罪的，依法追究刑事责任。”

通过对比，我们可以发现：

① 新《会计法》对于财务造假违法行为的认定，与原《会计法》保持一致，仅是将原《会计法》的第四十三条和第四十四条合并为一条；

② 在增加“由县级以上人民政府财政部门给予警告、通报批评，没收违法所得”的基础上，将财务造假违法行为的罚款金额上限，由十万元修改为“违法所得一倍以上十倍以下”，这种对单位的罚款金额以违法所得为参考，采用倍比罚金制的处罚机制更科学；

③ 对单位的罚款额度上限由十万元提高到了违法所得十倍以下，对个人的

罚款额度上限由五万元提高到了二百万元。

（3）新旧《会计法》在授意、指使、强令财务人员进行财务造假方面的法律责任的比较

原《会计法》第四十五条规定："授意、指使、强令会计机构、会计人员及其他人员伪、变造会计凭证、会计账簿，编制虚假财务会计报告或者隐匿、故意销毁依法应当保存的会计凭证、会计账簿、财务会计报告，构成犯罪的，依法追究刑事责任；尚不构成犯罪的，可以处五千元以上五万元以下的罚款；属于国家工作人员的，还应当由其所在单位或者有关单位依法给予降级、撤职、开除的行政处分。"

新《会计法》第四十二条规定："授意、指使、强令会计机构、会计人员及其他人员伪造、变造会计凭证、会计账簿，编制虚假财务会计报告或者隐匿、故意销毁依法应当保存的会计凭证、会计账簿、财务会计报告的，由县级以上人民政府财政部门给予警告、通报批评，可以并处二十万元以上一百万元以下的罚款；情节严重的，可以并处一百万元以上五百万元以下的罚款；属于公职人员的，还应当依法给予处分；构成犯罪的，依法追究刑事责任。"

通过对比，我们可以发现：

① 新《会计法》在增加"由县级以上人民政府财政部门给予警告、通报批评"的基础上，根据违法行为情节轻重设置罚款金额的幅度区间，并大幅度提高了违法行为的罚款金额；

② 罚款额度上限由五万元提高到了五百万元。

该条款是针对授意、指使、强令者而设的，大大强化了遵纪守法的财务人员的防护盾。

2.新增从轻、减轻或者不予处罚的规定

新《会计法》增加了从轻、减轻或者不予处罚的规定，具体体现在第四十六条："违反本法规定，但具有《中华人民共和国行政处罚法》规定的从轻、减轻或者不予处罚情形的，依照其规定从轻、减轻或者不予处罚。"

《中华人民共和国行政处罚法》第三十二条规定："当事人有下列情形之一，

应当从轻或者减轻行政处罚：（一）主动消除或者减轻违法行为危害后果的；（二）受他人胁迫或者诱骗实施违法行为的；（三）主动供述行政机关尚未掌握的违法行为的；（四）配合行政机关查处违法行为有立功表现的；（五）法律、法规、规章规定其他应当从轻或者减轻行政处罚的。”第三十三条规定：“违法行为轻微并及时改正，没有造成危害后果的，不予行政处罚。初次违法且危害后果轻微并及时改正的，可以不予行政处罚。当事人有证据足以证明没有主观过错的，不予行政处罚。法律、行政法规另有规定的，从其规定。对当事人的违法行为依法不予行政处罚的，行政机关应当对当事人进行教育。”

二、财税不分家，熟悉《税收征管法》是财务人员的基本素养

《中华人民共和国税收征收管理法》规范税收征收和缴纳行为，保障国家的税收收入，保护纳税人的合法权益。纳税人、扣缴义务人必须依照法律、行政法规的规定缴纳税款、代扣代缴、代收代缴税款。财务人员作为税收征管工作的重要参与者，在日常税收征管过程中，常见的违法行为包括：未按规定办理税务登记，账簿设置与保管不当，未报告全部银行账号，虚开发票，采用伪造、变造等手段不缴或少缴税款的偷税行为，转移或隐匿财产，妨碍税务机关追缴税款的逃税行为，以欺骗手段骗取国家出口退税款的骗税行为等。这些违法行为，财务人员都可能深度参与其中。可想而知，东窗事发的必然结果就是受到相应的法律处罚。对于单位而言，处罚包括罚款、交滞纳金、没收违法所得等。对于财务人员来说，可能需要面对的是行政处罚甚至承担刑事责任。

例如，财务人员所在的单位涉嫌虚开增值税发票，犯意的发起者一般是单位负责人或实际控制人。财务人员通常并非虚开增值税发票犯意的发起者，也未参与共谋，而是由单位负责人或实际控制人单独决定并指使财务人员进行操作。由于增值税专用发票的领用、开具、抵扣等一系列行为属于财务人员的工作范围，在明知单位接受他人虚开增值税专用发票的情况下，仍然配合实施了提供开票资料、支付购票款、接收进项发票、发出或寄出销项发票等具体行为，实质上推动了犯罪结果的发生。财务人员在此过程中难辞其咎，其行为构成了虚开增值税专

用发票罪的共犯。

现实经济生活中，不乏此类案例。如湖南省某法院一起虚开增值税专用发票、用于骗取出口退税、抵扣税款发票案（（2020）湘1003刑初76号），财务人员肖某被作为虚开增值税专用发票罪的共犯（肖某起次要作用，系从犯），判处有期徒刑三年，缓刑五年。根据《会计法》第三十八条的规定，肖某不得再从事会计工作（触发了职业生涯终断条款）。

三、《公司法》财务负责人必懂的法律

《公司法》对财务人员，尤其是对作为公司高管的财务负责人的规范作用，主要表现在以下方面：

（一）抽逃注册资本金

公司成立后，发起人、股东将出资款转入公司账户后又直接转出，或通过虚构债权债务关系将出资款转出，又或者利用关联交易将出资款转出等行为，即构成抽逃注册资本。

《公司法》第五十三条规定："公司成立后，股东不得抽逃出资。违反前款规定的，股东应当返还抽逃的出资；给公司造成损失的，负有责任的董事、监事、高级管理人员应当与该股东承担连带赔偿责任。"第二百五十三条规定："公司的发起人、股东在公司成立后，抽逃其出资的，由公司登记机关责令改正，处以所抽逃出资金额百分之五以上百分之十五以下的罚款；对直接负责的主管人员和其他直接责任人员处以三万元以上三十万元以下的罚款。"第二百六十四条规定："违反本法规定，构成犯罪的，依法追究刑事责任。"

相应地，《中华人民共和国刑法》（以下简称《刑法》）第一百五十九条明确规定："公司发起人、股东违反公司法的规定未交付货币、实物或者未转移财产权，虚假出资，或者在公司成立后又抽逃其出资，数额巨大、后果严重或者有其他严重情节的，处五年以下有期徒刑或者拘役，并处或者单处虚假出资金额或者抽逃出资金额百分之二以上百分之十以下的罚金。单位犯前款罪的，对单位判处罚金，并对其直接负责的主管人员和其他直接责任人员，处五年以下有期徒刑或

者拘役。”

在公司发起人、股东实施抽逃注册资本这一行为过程中，财务负责人往往起到了关键作用，不能及时阻止公司发起人、股东的违法行为，反而出谋划策，协助公司发起人、股东实施抽逃注册资本。如此，财务负责人将会引火烧身，陷入囹圄。

（二）虚假出资

公司发起人、股东认缴出资后未在法律和公司章程约定期限内如实缴付出资的，为虚假出资行为。

《公司法》第二百五十二条规定：“公司的发起人、股东虚假出资，未交付或者未按期交付作为出资的货币或者非货币财产的，由公司登记机关责令改正，可以处以五万元以上二十万元以下的罚款；情节严重的，处以虚假出资或者未出资金额百分之五以上百分之十五以下的罚款；对直接负责的主管人员和其他直接责任人员处以一万元以上十万元以下的罚款。”

同时，虚假出资行为亦受到《中华人民共和国刑法》第一百五十九条规定的约束。财务人员参与其中，实为不智。

（三）虚报注册资本、提交虚假材料或者采取其他欺诈手段隐瞒重要事实取得公司登记

《公司法》第二百五十条规定：“违反本法规定，虚报注册资本、提交虚假材料或者采取其他欺诈手段隐瞒重要事实取得公司登记的，由公司登记机关责令改正，对虚报注册资本的公司，处以虚报注册资本金额百分之五以上百分之十五以下的罚款；对提交虚假材料或者采取其他欺诈手段隐瞒重要事实的公司，处以五万元以上二百万元以下的罚款；情节严重的，吊销营业执照；对直接负责的主管人员和其他直接责任人员处以三万元以上三十万元以下的罚款。”

《刑法》第一百五十八条规定：“申请公司登记使用虚假证明文件或者采取其他欺诈手段虚报注册资本，欺骗公司登记主管部门，取得公司登记，虚报注册资本数额巨大、后果严重或者有其他严重情节的，处三年以下有期徒刑或者拘役，并处或者单处虚报注册资本金额百分之一以上百分之五以下罚金。单位犯前款罪

的，对单位判处罚金，并对其直接负责的主管人员和其他直接责任人员，处三年以下有期徒刑或者拘役。”

在公司登记过程中，为资产评估机构、验资机构提供虚假的证明文件，进而取得失真的报告并提交公司登记机关是财务人员最可能涉及的。公司发起人、股东是否存在虚报注册资本、提交虚假材料或者采取其他欺诈手段隐瞒重要事实取得公司登记的意图，相对于单位其他部门的人员，财务人员是可以便利地获悉信息并做出职业判断的，关键在于识别真实意图后，采取了什么样的应对态度，这值得财务人员深思。

（四）违规减资

违规减资，是指没有履行《公司法》第二百二十四条规定的程序，以及违反第二百二十五条的规定，未先使用公积金便通过减少注册资本来弥补亏损，或者在不存在亏损的情况下实施简易减资、免除股东出资义务或向股东分配财产等情形。

《公司法》第二百二十六条规定：“违反本法规定减少注册资本的，股东应当退还其收到的资金，减免股东出资的应当恢复原状；给公司造成损失的，股东及负有责任的董事、监事、高级管理人员应当承担赔偿责任。”

实践中，财务负责人在减资时往往深度参与其中，这就需要财务负责人识别减资是否符合法定程序，是否存在不当减资的行为。

（五）违规分红

违规分红表现在两个方面：一是未按照《公司法》第二百一十条的规定提取公积金和弥补亏损，直接以当年利润为基础进行分红；二是通过制作虚假财务会计报表虚增利润进行分红。

《公司法》第二百一十一条规定：“公司违反本法规定向股东分配利润的，股东应当将违反规定分配的利润退还公司；给公司造成损失的，股东及负有责任的董事、监事、高级管理人员应当承担赔偿责任。”

制作虚假财务会计报表虚增利润，单位财务负责人必然是责任人之一，给公司造成损失，应当承担赔偿责任。若是上市公司财务造假且情况严重的，还应当承担刑事责任。

（六）违反财务资助制度

《公司法》第一百六十三条规定："公司不得为他人取得本公司或者其母公司的股份提供赠与、借款、担保以及其他财务资助，公司实施员工持股计划的除外。

为公司利益，经股东会决议，或者董事会按照公司章程或者股东会的授权作出决议，公司可以为他人取得本公司或者其母公司的股份提供财务资助，但财务资助的累计总额不得超过已发行股本总额的百分之十。董事会作出决议应当经全体董事的三分之二以上通过。

违反前两款规定，给公司造成损失的，负有责任的董事、监事、高级管理人员应当承担赔偿责任。"

关于这一点，财务负责人应识别财务资助的对象、资助的目的是否符合规定，为公司利益为他人提供财务资助的，程序上是否符合要求。对违反财务资助制度的行为有没有及时制止，并向股东会或董事会报告行为的违法性，是财务负责人最终是否应当承担赔偿责任的关键。

（七）财务造假

《公司法》第二百五十四条："有下列行为之一的，由县级以上人民政府财政部门依照《会计法》等法律、行政法规的规定处罚：（一）在法定的会计账簿以外另立会计账簿；（二）提供存在虚假记载或者隐瞒重要事实的财务会计报告。"

这是《公司法》与《会计法》《证券法》等相关法律的协同作用条款，上面已提及，不再赘述。

四、《证券法》财务人员的达摩克利斯之剑

财务人员在证券市场上最核心的风险来自财务造假行为。财务造假已经成为严重影响上市公司质量、扰乱资本市场秩序、动摇投资者信心的突出问题。经国务院同意，中国证监会、公安部、财政部、中国人民银行、金融监管总

局、国务院国资委于2024年7月发布了《关于进一步做好资本市场财务造假综合惩防工作的意见》。意见阐明了打击和遏制财务造假的四个重点领域：第一，严肃惩治欺诈发行股票债券行为。第二，严厉打击系统性造假和配合造假。第三，加强对滥用会计政策实施造假的监管。第四，强化对特定领域财务造假的打击。

《证券法》中与财务相关的内容主要包括信息披露、财务报告的编制和审计、财务舞弊的防范与治理等方面。

（一）信息披露

上市公司需披露能充分反映其业务、技术、财务、公司治理、竞争优势、行业趋势、产业政策等方面的信息，以及可能对股票、债券交易价格产生较大影响的关键信息和重大事项。披露形式包括：定期报告（年度报告、中期报告、季度报告）、临时报告、招股说明书、募集说明书、上市公告书、收购报告书等。其中，定期报告的要求是：年度报告在会计年度结束后4个月内披露，中期报告在上半年结束后2个月内披露，季度报告在每个会计年度的前3个月、前9个月结束之日起1个月内披露。年度报告需经会计师事务所审计，半年度报告中的财务会计报告一般无须审计，但特定情形下需提供审计报告，季度报告一般无须审计。

当财务状况预计具有重要结论或发生重大变化时，应通过业绩预告的形式在会计年度结束后1个月或半年度结束后15日内披露相应信息。

（二）财务报告的编制和审计

上市公司必须按照法律规定的程序和标准编制财务报告，并聘请具有资质的会计师事务所对财务报告进行审计，确保财务信息的真实、准确、完整。

（三）财务舞弊的防范与治理

（1）强调信息披露的重要性，要求公司按照规定的内容和程序进行披露，监管部门加强对信息披露的监管力度，对违规行为进行严厉处罚。

（2）强化审计监督，通过审计发现财务舞弊行为。监管部门加强对审计机构的监管力度，提高审计质量。

（3）对财务舞弊的法律责任进行明确规定，加大处罚力度，提高违法成本，对违法违规的上市公司和相关责任人依法追究法律责任。

（四）其他与财务相关的内容

（1）禁止欺诈行为。证券的发行、交易活动禁止欺诈行为，包括财务欺诈。

（2）财务信息保密。发行证券的信息依法公开前，任何知情人不得公开或者泄露该信息。

《证券法》中上述与财务相关的内容，旨在确保上市公司财务信息的真实性和透明度，保护投资者的合法权益，维护市场的公平、公正和透明。上市公司财务人员面对复杂的工作环境，秉承“不做假账”的原则，是确保自身安全的根本。

第二节　与财务职业犯罪相关的主要法律规定

与财务职业相关的犯罪主要集中在利用职务便利实施的经济犯罪，涉及资金、税务处理、财务报告等多个环节。现择要述之，详情见后面章节。

一、经济类犯罪行为

（一）职务侵占罪、贪污罪

职务侵占罪与贪污罪的共同之处是公司、企业或其他单位人员利用职务便利，将本单位财物非法占为己有，数额较大的行为。非国家工作人员构成职务侵占罪，国家工作人员构成贪污罪。财务人员犯此罪常见手段包括涂改账目、虚构支出、截留收入等。

（二）非国家工作人员受贿罪、受贿罪

非国家工作人员受贿罪与受贿罪的共同之处是公司、企业或者其他单位的工作人员，利用职务上的便利，索取他人财物或者非法收受他人财物，为他人谋取利益，数额较大的行为。非国家工作人员构成非国家工作人员受贿罪，国家工作人员构成受贿罪。

财务人员参与受贿犯罪的主要手段包括：利用职务便利，索取或非法收受他人财物，为他人谋取利益，如提供长期供货、及时结算货款等，典型的场景是财务人员接受供应商回扣，为其加快付款流程。

（三）挪用资金罪、挪用公款罪

挪用资金罪与挪用公款罪的共同之处是公司、企业或者其他单位的工作人员，利用职务上的便利，挪用本单位资金归个人使用或者借贷给他人，数额较大、超过三个月未还的，或者虽未超过三个月，但数额较大、进行营利活动的，或者进行非法活动的行为。非国家工作人员构成挪用资金罪，国家工作人员构成挪用公款罪。与职务侵占罪、贪污罪不同的是，挪用资金罪与挪用公款罪的犯罪主体主观上有归还挪用的资金或公款的意愿。

（四）洗钱罪

为掩饰、隐瞒毒品犯罪、黑社会性质的组织犯罪、恐怖活动犯罪、走私犯罪、贪污贿赂犯罪、破坏金融管理秩序犯罪、金融诈骗犯罪的所得及其产生的收益的来源和性质，而发生的以下行为：提供资金账户的；将财产转换为现金、金融票据、有价证券的；通过转账或者其他支付结算方式转移资金的；跨境转移资产的；以其他方法掩饰、隐瞒犯罪所得及其收益的来源和性质的。

财务人员掌握企业资金流动和账务处理，可能被犯罪分子利用，或者受经济利益诱惑，通过虚假交易、伪造账目等手段，将非法资金混入正常经营收入，或转移至海外账户，掩盖资金来源和去向。

（五）非法吸收公众存款罪

非法吸收公众存款罪是指违反国家金融管理法规实施非法吸收公众存款或者变相吸收公众存款，扰乱金融秩序的行为。

财务人员通常以提供个人银行账户、协助签订合同和收取集资款、发放返利款和涉案员工工资等形式参与犯罪。

（六）违规披露、不披露重要信息罪

依法负有信息披露义务的公司、企业向股东和社会公众提供虚假的或者隐瞒重要事实的财务会计报告，或者对依法应当披露的其他重要信息不按照规定披露，严重损害股东或者其他人利益，或者有其他严重情节的，对其直接负责的主管人员和其他直接责任人员课以刑罚。

此罪在财务信息披露方面常见于上市公司财务负责人。如上市公司康某药业股份有限公司财务人员因违规披露、不披露重要信息罪和操纵证券市场罪被定罪量刑。

（七）隐匿、故意销毁会计凭证、会计账簿、财务会计报告罪

隐匿、故意销毁会计凭证、会计账簿、财务会计报告罪是指隐匿或者故意销毁依法应当保存的会计凭证、会计账簿、财务会计报告，情节严重的行为构成该罪。财务人员应当严格遵守会计法律法规，妥善保管会计凭证、会计账簿、财务会计报告等会计资料，不得隐匿或者故意销毁。否则，一旦触犯法律，将会受到严厉的处罚。

二、危害税收征管犯罪行为

危害税收征管罪是指违反我国的税收法规，采取各种手段以逃避纳税义务，从而危害国家税收征管制度的行为。目前，我国危害税收征管罪涉及14项罪名，主要包括：逃税罪，抗税罪，逃避追缴欠税罪，骗取出口退税罪，虚开增值税专用发票或者虚开用于骗取出口退税、抵扣税款发票罪，非法出售增值税专用发票罪，虚开发票罪等。犯罪主体通常是纳税人、扣缴义务人或与税收相关的企业和个人。犯罪客体是国家的税收征管制度。

财务人员在危害税收征管罪中的主要表现方式，通常与其职务便利和专业知识密切相关，涉及通过伪造、隐瞒、虚报等手段非法减少税负或骗取税款。具体手段可归纳为：伪造或篡改财务记录、虚假纳税申报、虚开增值税专用发票、虚开普通发票或其他抵扣凭证、伪造出口单据、虚报出口数量或价格、虚构已税商品出口事实、骗取国家出口退税款、转移或隐匿财产、非法发票交易、参与暴力

抗税、配合管理层隐匿收入、参与洗钱活动等。

财务职业犯罪的核心是利用职务便利谋取私利或损害企业利益，其法律后果严重，可能涉及自由刑与高额罚金。财务人员需严守职业底线，避免触犯法律红线。

第二章
财务工作常规领域风险防范

从根源上讲，财务人员产生法律风险的原因有三种：

一是故意犯罪行为。

二是迫于压力导致的风险。单位或单位领导发生经济犯罪，财务人员受到波及或牵连，这种情况往往是财务人员迫于工作压力而形成的法律风险，也是最常见的财务人员法律风险类型。

三是财务人员过失行为所造成的法律风险。

无论哪一种法律风险，都需要财务人员善用慧眼，小心识别，力求防患于未然。

第一节　内部常见风险的防范

一、收支两条线，要紧的是证据链

“收支”一词，在财务上至少有两类含义。一是现金收入与现金支出；二是收入与支出（包括成本和费用等）。企业作为追求价值最大化的营利性组织，“收支两条线”制度往往特指前者。站在财务人员的角度，“收支”往往还有着第二层的含义，即收入与支出。企业实施“收支两条线”的主要目的：一方面是对企业范围内的现金进行集中管理，减少现金持有成本，加速资金周转，提高资金的利用效率；另一方面以实施“收支两条线”为切入点，构建起企业财务管理体系中的内部控制系统，“收入与支出”就像任督二脉，始终贯彻在财务管理体系中的内部控制系统的方方面面，通过高效的运转来提高企业的效益。

财务人员处理与“收支”相关的经济业务时，完善的证据链对防范财务风险至关重要。通过以下手段，打造完整证据链是财务人员必修的功课：

1.规范票据管理

确保所有收入和支出都有合法的票据支持，票据使用规范，避免使用不合规或非法票据。

2.实行收支脱钩

企业应当有统筹的现金管理政策，确保现金收入和现金支出分离，这是避免坐支情况发生的根本保证。这一点在中小型企业中未必能做到，其必要性也有待商榷。但在大型企业和企业集团中，实施“收支两条线”制度，可以使资金管理在与企业集团的长期和短期战略目标相适应的前提下统筹兼顾，可以协调企业集团内部各成员企业的收入与支出、融资、投资等各项经济活动，从而提高整体经济效益。

3.完善的内部控制制度

建立健全内部控制制度，完善收支程序，确保经济活动的真实性、合理性和合法性。也就是说，财务的日常工作要按照流程完成审批，不要开绿灯，并且要留下可追溯的痕迹，特别是领导交代的一些安排和指令，务必做到“雁过留声”，不留模糊地带。

4.专项资金管理

对专项资金实行专款专用，分项核算，分项管理，每个项目都有专人负责。

5.支出手段管理

除零星支出涉及现金外，一律采用银行转账支付。

6.重大经济事项管理

对大型设备采购、大型工程建设项目、重大对外投资、信贷及担保等经济事项，严格按照国家有关规定和公司章程办理。

7.预算管理

严格按照年初批复的财务预算执行，批准后的收支预算原则上不作调整，确需调整的应按预算编制程序报批。

通过上述措施，建立起一套完整的收支两条线证据链，确保会计核算与财务管理的规范性和透明度，最小化财务人员的法律风险。

二、财务人员入职离职有讲究

财务人员入职或离职时，相关事宜不仅仅涉及前任与后任在工作上的交接，还涉及公司内部其他部门以及外部相关部门，如税务、工商、银行、中介机构等单位诸多事项的交接，这使得交接问题看起来有点复杂。

财务人员刚加入公司，需要从前任那里接手工作。这时候应该注意什么呢？一是需要确保所有的重要文件和资料都完整，比如账本、凭证、报表之类。二是诸项权限的移交，比如会计核算系统账号的交接、银行账户的密码和权限的转移、纳税申报系统账号与密码等信息的转交等，防止员工离职后还有访问权限。另外，前任可能需要讲解当前的工作流程和未完成的事项，岗位适用的法律法规和内部政策，新人需要了解清楚，这样才能顺利接手，避免违规或错误的发生。同时，整个交接过程还需要有监交人，通常是由上级与HR来监督交接过程，确保没有遗漏。最终将交接内容形成书面记录，双方签字确认，避免以后有纠纷。

财务人员入职与离职是一体两面的事情，入职者接收的即是离职者交出的。需要特别指出的是，对于离职的员工，要注意遵守法律法规，比如会计档案的管理规定，不能随便带走或销毁会计档案。还要履行保密义务，财务人员接触了公司很多敏感的信息，离职后也不能泄露。交接的时间要足够，不能仓促，否则容易出问题。交接完成后，可能需要跟踪反馈，确保一切正常。

另有一些细节需要考虑。电子数据的备份和转移，是否有存储在云端或本地服务器的文件需要处理。印章、U盾等实物物品的交接，是否在清单中列明。税务、工商、银行贷款等相关的事务，比如报税系统的权限、发票的管理和外部联系人信息等，也是会计工作的重要部分，不能遗漏。另外，需要检查之前的账目是否有问题，比如未解决的差异或错误，需要在交接时指出并处理。

监交人要履行其职责，确保所有项目都已交接，并在文件上签字。交接清单的具体内容，尽量详细到每个账户、每个项目的状态，并列出每个未完结任务的截止日期和当前进度。

我们把财务人员入职和离职交接的注意事项分门别类，涵盖资料、权限、流程、法律、监交、书面记录、后续跟进等诸多方面。为确保工作的连续性和合规性，以下是对财务人员入职和离职交接过程中的关键注意事项的罗列：

（一）入职交接注意事项

1.资料完整性核查

接收与岗位相关的所有会计凭证、账簿、报表、合同、银行对账单、税务申报表等，确保无遗漏。

检查电子数据（如财务系统备份、Excel表格、云端文件）的完整性和可访问性。

2.权限与系统交接

获取财务软件、税务系统、银行网银等账号权限，并修改初始密码。

确认U盾、印章、发票等实物的交接，登记在清单中。

3.工作流程与待办事项

了解公司财务流程（如报销、付款、预算编制）、内部制度及特殊操作（如多账套管理）。

明确未完成事项（如待处理报销、未入账款项、审计问题），并形成待办清单。

4.合规性确认

学习《会计法》、税法、行业规定和企业财务管理制度，确保前任日常操作在形式上合规。

核对近期税务申报、社保缴纳等是否存在异常。

5.监交与书面记录

在上级与HR监交下，逐项核对交接内容，签署书面交接清单（含电子档和实物）。

（二）离职交接注意事项

1.全面资料清点

整理并移交所有财务资料，确保账实相符，标注异常问题（如未调账差异）。

移交税务资料（如发票、纳税申报表、税务优惠备案资料等）、银行资料（如开户许可证、贷款合同等）。

2. 权限注销与转移

移交系统权限，注销个人账号；移交U盾、印章时需登记编号及有效期。

更新银行、税务局、审计机构等外部联系人信息。

3. 待处理事项说明

详细说明未完成工作（如预算编制进度、待跟进审计问题），提供对接人联系方式。

制作操作手册，指导接任者使用特殊系统或处理复杂任务（如外汇结算、自行构建的财务核算模型）。

4. 合规与保密义务

删除或移交公司敏感数据，签署保密协议，明确不得泄露商业机密。

确保会计档案按《会计档案管理办法》留存，不得擅自销毁或带走。

5. 监交与闭环管理

监交人需核查所有交接项，确认无遗留问题后三方签字。

离职后保留一段时间的联系方式，协助过渡期问题处理。

（三）通用注意事项

1. 时间安排

提前规划交接周期（建议至少2周），避免仓促导致疏漏。

2. 电子数据备份

确保财务数据多重备份（本地+云端），并测试可恢复性。

3. 审计支持

离职前配合内外部审计，澄清账目疑问。

4. 反馈机制

交接后1个月内，离职者跟进接任者，确认无遗留问题。

通过系统化、书面化的交接流程，可最大限度降低公司财务风险和财务人员自身的风险，保障企业运营的稳定性和财务人员履职的流畅性。

三、直面“小金库”的诱惑

“小金库”通常指单位在法定会计账册之外，私自设立的资金账户，用于存放未公开的资金，可能涉及违规或违法行为。财务人员在面对这种情况时，需要知道如何识别风险并采取应对措施。

财务人员作为企业资金管理的重要角色，若发现或怀疑单位存在私设“小金库”的行为，需高度警惕并采取有效措施防范法律风险，避免自身因知情或参与其中而承担法律责任。以下是财务人员面对小金库的诱惑时具体的应对策略：

（一）明确法律红线，坚守职业道德

《会计法》第十六条规定：各单位发生的各项经济业务事项应当在依法设置的会计账簿上统一登记、核算，不得违反本法和国家统一的会计制度的规定私设会计账簿登记、核算。第四十条进一步明确了私设会计账簿的法律责任（包括罚款、吊销证书、刑事责任）。

《财政违法行为处罚处分条例》第十七条规定：私存私放公款（小金库）的直接责任人可能面临撤职、开除等处分，甚至刑事责任（如挪用公款罪、贪污罪）。

作为财务人员，首先要做的，是坚守住职业道德的底线，拒绝参与违规操作，对要求设立“小金库”的指令，如截留收入不入公账、虚列支出套现存入小金库等行为明确拒绝，不配合伪造凭证、篡改账目，不参与运作资金体外循环。

（二）强化内部控制，主动防范风险

规范并执行所在单位的资金管理流程，确保所有收支均通过公司法定账户，定期核对银行流水与账面资金，发现异常差额立即核查，拒绝资金体外循环。要勇于对“体外循环”的要求说“不”。严格审核报销凭证、合同及发票，对“无票支出”“虚构业务”保持职业敏感。应重点关注大额现金支出、频繁小额现金报销等高风险行为。建议管理层引入第三方审计，利用这一外部力量，推动定期审计与自查，对资金流向进行穿透式审查。

（三）发现疑点时的应对措施

发现疑点时，首先，要做的就是保留好证据，避免以后背锅。对来自上级的可疑指令要求书面确认，如电子邮件、签字文件或短信微信，留存沟通记录。

其次，相关财务数据的原始凭证需做好备份，防止被篡改或销毁。

最后，做好分级沟通与举报工作。

第一步：向直属上级或财务负责人书面反馈问题，提请整改。

第二步：若上级参与违规，可向公司审计部门、董事会或股东汇报。

第三步：若内部无果，向监管部门举报，如财政局、税务局、纪委等。注意利用好匿名渠道，如12388纪检监察举报平台。

《会计法》第三章（会计监督）赋予了财务人员拒绝违法违规指令和检举的权利，单位不得打击报复。若已被迫参与，及时向司法机关自首并提交证据，可争取减轻责任。

（四）提升自我保护意识

1.签署书面免责声明

对明显违规操作，通过邮件或书面文件表明反对立场，声明“不承担责任”。

2.谨慎交接与离职

离职时书面确认已移交全部账务，注明“未参与账外资金操作”。新入职的员工若发现前任遗留“小金库”，立即向上级报告并拒绝接手。

3.法律咨询与维权

遭遇威胁或强迫时，可以及时寻求律师的帮助，必要时向公安机关报案。

财务人员应坚持“不参与、不隐瞒、不背锅”原则，通过规范操作、留存证据、主动报告化解职业风险。若单位存在系统性违规，及时抽身是避免法律风险的关键。合规不仅是职业底线，更是自我保护的必要手段。

四、确保业务真实是财务人员规避法律风险的必杀技

我们都知道，《会计法》第九条规定：各单位必须根据实际发生的经济业务事项进行会计核算，填制会计凭证，登记会计账簿，编制财务会计报告。任何单

位不得以虚假的经济业务事项或者资料进行会计核算。

该条法律规定表明，确保业务的真实性是财务人员开展会计核算的出发点和落脚点，是会计行业从业人员的立身之本，是规避法律风险的必杀技，离开这一点，无异于无根之木、无源之水，一切合规工作无从谈起。然而，现实中虚构业务的情况屡见不鲜，基于此的违法情况层出不穷。导致虚构业务的主要原因，离不开一个“利”字，比如转移利润、偷逃税款、损公肥私等。

如何确保业务真实性，这需要从多个角度切入，主要方面包括内部控制、单据审核、合同管理、技术手段、法律意识等，每个方面需要制定具体的措施，比如建立审批流程审核原始凭证、核实合同内容、使用大数据分析等。这些都是事前监督的底层制度设计的组成部分。为了防范在开展经济业务过程中出现虚构业务，导致虚开发票、转移利润、逃税以及损公肥私、挪用公司财物等情况发生，我们还需要针对这些具体问题提出防范手段。比如，如何识别虚假交易、如何验证供应商和客户的真实性、如何与合同和物流信息对应等，这些都是建立在确保业务真实性的主要措施之上的具体手段。

在会计核算中，确保业务真实性是财务人员防范法律风险的核心任务。虚构业务往往导致偷逃税款、转移利润、侵占资产等违法行为，不仅损害企业利益，还可能使财务人员面临行政处罚甚至刑事责任（如《刑法》第二百零一条“逃税罪”、第二百零五条“虚开增值税专用发票罪”）。以下是从实务角度出发，系统阐述如何确保业务真实性，以便规避法律风险的实用方法。

（一）建立“业务真实性”的全流程风控机制

1.前端控制：业务发生前的审核与验证

订立合同，是开展一项业务的起点。对于财务人员而言，前端控制就是围绕“合同”展开的。合同真实性核查和交易背景调查在财务人员如实开展会计核算中承担着“第一道防线”的角色，需要通过多维度验证确保合同背后业务的真实性与合法性，避免因虚假合同引发税务风险、法律纠纷或资产损失。以下是实务中需重点核查的8项核心要点。需要注意的是，这8项核心要点不仅适用于前端控制阶段，也同样适用于事中控制和事后分析，只是从实用性角度来说，突出其在前端的作用更切合实际需要：

（1）签约主体真实性核查

①资质核验。不同签约主体有着不同的核查途径，具体而言：

企业主体：通过“国家企业信用信息公示系统”或“企查查/天眼查”验证对方是否真实存在和其营业状态，包括是否存续、有无异常经营、吊销记录、处罚记录、未决诉讼等内容。

自然人主体：核对身份证信息，可委托律师通过公安部门系统或第三方实名认证平台核实。

特殊行业资质：如建筑类合同需核查对方是否具备相应资质证书，如施工总承包资质等。

②关联关系排查。《公司法》第二十二条规定：“公司的控股股东、实际控制人、董事、监事、高级管理人员不得利用关联关系损害公司利益。违反规定，给公司造成损失的，应当承担赔偿责任。”第一百八十二条规定：“董事、监事、高级管理人员，直接或者间接与本公司订立合同或者进行交易，应当就与订立合同或者进行交易有关的事项向董事会或者股东会报告，并按照公司章程的规定经董事会或者股东会决议通过。董事、监事、高级管理人员的近亲属，董事、监事、高级管理人员或者其近亲属直接或者间接控制的企业，以及与董事、监事、高级管理人员有其他关联关系的关联人，与公司订立合同或者进行交易，适用前款规定。”

财务人员需要通过股权穿透工具（如天眼查、企查查股权结构图）分析公司关联关系，发现实际控制人是否隐蔽关联。进而确认签约方是否为公司关联方（如股东、高管控制的其他企业），是否存在虚构关联交易损害公司利益，董事、监事、高级管理人员及其近亲属以各种方式与本公司订立合同或者进行交易是否履行了法律规定的程序，以避免虚构关联交易侵害公司利益等不法行为的发生。

（2）合同条款的合规性与合理性核查

① 价格条款。对比市场价格或历史交易价，判断合同定价是否公允。如存在远高于或低于市场价，须向上一级管理人员发出预警。如果是关联交易，则需

要在关联关系排查后，参考独立交易原则，审查定价依据，如成本加成法、可比非受控价格法，以确定关联交易的独立性和合规性。

② 交付与验收条款。明确货物/服务交付标准、验收方式及时间节点，避免模糊表述，如“按需求交付”“视情况验收”等不确定性用词。

③ 付款条款。核查付款进度是否与业务逻辑匹配，如预付款比例与公司其他同类业务相比是否过高，无质保金条款的存在是否合理、是否存在套现风险等。

（3）合同签章与签字真实性核查

① 印章核验。比对合同印章与以往已完成的交易合同上的合同印章是否一致。需要警惕“萝卜章”，可以要求对方提供电子营业执照（通过“电子营业执照小程序”扫码验证）。

② 签字人授权。确认签字人是否具备授权。如果是法定代表人签字，须与工商登记的法定代表人一致，如果是代理人，则需要提供授权书。

对跨境合同，需核查签字人护照/身份证明及公证文件。

（4）合同内容与业务实质匹配性核查

① 关注业务逻辑合理性。分析合同内容是否符合公司实际经营需求。例如，与无技术研发和服务能力的贸易公司签订了大额技术服务合同、定制化软件开发商订购远超实际需求的硬件产品等异常情况。

② 关注合同标的是否具备可执行性。例如，采购量远超实际产能或交付时间不合理。

③ 关注合同与票据的一致性，确保发票开具方、合同签约方、收款方三者一致，禁止替第三方开票或收款。如存在不一致的，须分析其存在的合理性和合规性。同时，发票品名、数量、金额必须与合同条款完全对应，警惕“变名开票”，如将礼品开成办公用品，此类行为是典型的虚开发票的行为。

（5）支持性文件的完整性核查

① 基础文件：包括交易背景材料，如采购申请单、招投标文件、比价记录等；物流单据，如货运单、签收单等；服务成果文件，如验收报告、会议纪

要等。

② 特殊业务补充材料：如咨询费/服务费，须提供服务内容清单、人员考勤记录、成果交付证明；租赁合同，须核对产权证明、租赁备案登记文件。

（6）合同异常信号识别

① 形式异常。合同版本过于简单，如无编号、无页码、无骑缝章。谨防出现“阴阳合同”，如一份低价合同用于备案，另一份高价合同用于实际执行。最高人民法院、最高人民检察院联合发布的《关于办理危害税收征管刑事案件适用法律若干问题的解释》（法释〔2024〕4号），首次将签订“阴阳合同”作为逃税的手段明确列举出来。针对编造虚假计税依据进行逃税的案件时有发生，特别是近年来文娱领域发生的多起以签订“阴阳合同”等形式隐匿或者以他人名义分解收入、财产进行逃税影响极坏的案件，最高人民法院、最高人民检察院将签订“阴阳合同”作为逃税方式之一予以明确，这对财务人员不能不说是一种警示，对潜在的违法者也未尝不是一种震慑。

② 行为异常。频繁修改合同关键条款，如修改合同金额、签约主体，或者合同签订后长期未执行或突击集中签订大额合同。虽然《中华人民共和国民法典》第五百一十条提到了在合同生效后，当事人可以就质量、价款或者报酬等内容进行协议补充，但这通常适用于那些非主要条款的变更或者是对已有条款的进一步明确。对于合同金额或者签约主体这种影响到合同主要条款的变更，重新签订合同更能够全面地反映双方的协商结果，减少后续因条款不明确而引发的争议。

财务人员需要对异常行为保持高度警觉，利用职业判断辨识是否存在粉饰业绩、侵占公司资产等不法情形，并及时向上一级主管人员报告。

（7）数字化工具辅助验证

① 区块链存证。区块链技术在合同以及版权保护方面已得到广泛的应用，使用第三方存证平台（如“至信链”“蚂蚁链”）对电子合同进行哈希值固化，可以防止合同内容被篡改。在司法实践中，已经有多个案例表明，使用区块链存证的电子数据获得了法院的认可。被法院认可的内容主要包括其存证的电子数据

以及其中包含的可靠电子签名。这些证据在符合法定条件下，可以作为法庭认定事实的根据。

② 电子签章验证。通过权威CA机构（Certificate Authority，如中金金融认证中心有限公司（CFCA））验证电子签章有效性，确保签约过程可追溯。

（8）书面记录与风险隔离

① 核查留痕。对存疑合同，通过邮件或书面报告向管理层提示风险，并保留沟通记录。在合同审批流程中应注明财务人员职责范围内的核查结论，如“已核验签约主体资质，未见异常”等内容。

② 拒绝与举报。对明显虚假合同，依据《会计法》第五条规定，财务人员应当拒绝入账处理，并向上一级主管人员报告，必要时向税务机关或纪委举报。

综上，合同真实性核查需要做到“四核四防”：核主体、核条款、核签章、核逻辑，防虚假、防篡改、防关联、防异常。财务人员应保持职业怀疑态度，结合技术工具与法律手段，将合同风险遏制在业务前端。

2.中端控制：业务执行中的单据与证据链管理

（1）“四流合一”的验证

① 合同流。企业在进行交易时需要签订合同，合同的内容必须明确双方的权责，确保交易的合法性和真实性。

② 资金流。付款必须通过公司对公账户，收款方与合同签约方、发票开具方一致。

③ 货物流（或服务流）。核对物流单据（如货运单、入库单）、验收记录、提供服务的数据传递过程和结果呈现方式，确保货物或服务实际交付。

④ 票据流。发票内容（品名、数量、金额）必须与合同、物流单据匹配，拒绝“变名开票”“无货开票”的情形发生。

当然，在业务真实的前提下，因行业或企业内部资金监管和统筹的规定，发生“付款方与受票方不一致”情形的，原则上是不影响增值税进项税额抵扣的，但是需准备相关证明资料，比如委托代付协议、授权书等，以便备查。

（2）原始凭证完整性核查

财务人员务必要求业务部门提供逻辑完整的支持性文件（如订单、验收单、结算单、会议纪要），缺一不可入账。对“特殊业务”（如咨询费、服务费、会务费等）需补充详细说明（服务内容、成果文件、参会人员记录）。

3.后端控制：复核与审计

（1）定期对账与异常分析

① 定期与客户/供应商对账，确认应收应付余额是否一致，发现差异立即调查原因并追踪处理进展。定期对账，也可以发现前端核查与中端核查时未能发现的异常交易，挽回可能存在的损失和减少法律风险。

② 利用财务数据分析工具（如同比/环比分析、行业毛利率对比），识别异常交易（如某客户销售额突增但无合理商业理由），深挖交易背后存在的问题。

（2）内部审计与专项检查

联合内部审计部门抽查高风险业务（如大额现金支出、频繁小额报销），核查业务真实性证据链。对长期挂账的预付/应收款项，要求业务部门提供催收记录或法律诉讼文件，防止虚构债权，侵占公司财产的情形发生。

（二）关键业务场景的风险识别与应对

1.虚开发票的识别与阻断

虚开发票指不如实开具发票的一种舞弊行为，纳税单位和个人为了达到偷税的目的或者购货单位为了某种需要在商品交易过程中开具发票时，在商品名称、商品数量、商品单价以及金额上采取弄虚作假的手法，甚至利用比较熟悉的关系，虚构交易事项虚开发票。虚开发票，达到条件的，构成虚开增值税专用发票、用于骗取出口退税、抵扣税款发票罪，或虚开发票罪。

虚开增值税专用发票、用于骗取出口退税、抵扣税款发票罪，是指违反国家税收征管和发票管理规定、为他人虚开、为自己虚开、让他人为自己虚开、介绍他人虚开增值税专用发票或者用于骗取出口退税、抵扣税款的其他发票的行为。

虚开发票罪，是指违反国家税收征管和发票管理规定，为他人虚开、为自己虚开、让他人为自己虚开、介绍他人虚开普通发票用于企业虚列成本，造成利润减少，少缴企业所得税的行为。

（1）主要风险信号

发票开具方与合同签约方不一致、发票品名模糊且与合同约定的标的名称不一致（如“办公用品”“服务费”无明细）、进销商品的品类严重不匹配（如商贸企业采购A商品却大量销售B商品）、增值税税负率波动过大、年底或重要时间节点前开具大量发票，期后红字冲销等情形。

（2）主要应对措施

首先，使用“国家税务总局全国增值税发票查验平台”逐张验证发票真伪。其次，要求供应商提供与发票对应的出库单、物流记录，对无法提供者暂停付款并向上一级主管人员报告。再次，对脱离正常需要的费用报销发票，以书面形式向上一级主管人员报告，提示接受虚开的发票的风险，提出处理意见，并留存与相关管理人员的沟通证据。最后，关注大批量红字冲销现象，分析是否存在虚构交易、虚开发票、虚增收入和利润，粉饰财务报表的行为，并以书面形式向上一级主管人员报告发现的问题，提示存在虚开发票、虚增收入和利润，粉饰财务报表的风险，提出处理意见，并留存与相关管理人员的沟通证据。

2.转移利润的防范

转移利润，通常是指企业通过各种手段为达到避税或减少税收负担的目的，将利润从一个税务管辖区转移到另一个税务管辖区的行为；也指通过不法手段，逃避税收征管或侵占公司财产以满足个人私欲的行为。

（1）主要风险场景

通过关联交易低价销售或高价采购，人为调节利润；利用境外子公司转移定价，规避境内税款；利用实际控制人地位构建通道，转移公司利润，侵占公司资产，侵犯其他股东合法利益等。

（2）主要应对措施

首先，建立关联交易台账，审核定价是否符合独立交易原则（参考可比非受控价格法、成本加成法）。其次，对跨境交易，要求提供转让定价文档，确保符合国际贸易规则及中国税收法律的要求。最后，完善董事、监事、高级管理人员以及实际控制人与公司订立合同或发生交易的报告及监管制度。

3.虚构收入与虚增成本的拦截

虚构收入是指企业通过不合法的手段，编造虚假的交易或业务，以增加其收入的行为。这种行为通常涉及伪造文件、虚构合同、虚开发票、空转资金等手段，粉饰企业财务状况，旨在误导投资者、债权人和其他利益相关者，使其相信企业的财务状况比实际情况要好。常见的虚构收入的手法包括虚构业务、提前确认收入、非营业收入营业化等。

虚增成本是指企业在财务报表中故意夸大或虚构成本支出，以降低税负为目的的行为。常见的虚增成本的手段通常涉及对原材料、人工支出、制造费用等成本项目的虚假记录或夸大，较为隐蔽的手法表现为不恰当地运用资产减值、会计政策和会计估计变更等方法，达到逃避税收、获取更多的贷款或政府补贴，或者粉饰财务报表以提高企业的市场价值和信誉的目的。

（1）主要风险信号

①虚构收入的风险信号。分析营业收入与成本费用的匹配性：如果企业的营业收入大幅增长，但与之相关的成本、费用并未相应增加，甚至有所降低，那么可能存在虚构收入的情况。

分析应收账款与营业收入的协调性：在企业的赊销政策没有大幅度变化的情况下，如果企业的营业收入大幅增加，而应收账款并未相应增长，或者营业收入的增速远超应收账款的增速，那么可能存在虚构收入的情况。

分析营业收入与现金流量的匹配性：如果企业的营业收入大幅增长，但现金流量并未相应增加，甚至有所降低，则可能存在虚构收入的情况。

分析营业收入与税金的匹配性：如果企业的营业收入大幅增长，但税金并未相应增加，甚至有所降低，则可能存在虚构收入的情况。

②虚增成本的风险信号。频繁出现“无票支出”和大额的、无明确依据的暂估数字，以白条、第三方代开的发票，甚至无任何凭据的数据入账或冲账；利用财务分析技术，分析出成本费用与收入规模严重不匹配的情形，如收入下降但差旅费明显激增、毛利率异常波动等情形；年底变更会计政策或会计估计并调账的

行为等。

（2）主要应对措施

①应对虚构收入的措施。财务人员应当关注收入是否被计入恰当的会计期间，检查临近期末执行的重要销售合同是否存在异常的定价、结算、发货、退货、换货或验收条款，关注收入的确认是否符合会计准则规定的条件。

重视货币资金的流入对佐证收入真实性的作用。通过对银行存款余额变动、银行对账单、应收客户款项余额变动等信息，发现是否存在收入确认异常的情况。

关注实物流转程序是否符合管理制度的规定，追查存货的永续盘存记录，抽查存货采购、产品入库、产品出库等盘存记录，以发现虚假销售收入。

基于业务整合视角，配合内部审计机构开展全方位的供应链舞弊审计，对采购、生产、销售各个业务循环的“四流一致”情况进行审查，重点关注利用复杂交易结构形成资金流闭环的销售。

②应对虚增成本的措施。严格执行“凭票报销”制度，对特殊情况须依据公司制度经总经理或董事会审批。充分利用财务分析技术，分析成本结构是否合理，如人工成本占比、单位产品成本波动等，发现异常情况，向上一级主管人员报告并建议发起专项调查，并留存与相关管理人员的沟通证据。

（三）财务人员的自我保护策略

1. 书面记录与留痕

对存疑业务，通过邮件或书面报告向管理层提出质疑，并保留沟通记录。拒绝在虚假凭证上签字，若被迫操作，需留存上级指令证据（如录音、聊天记录等）。

2. 运用法律工具

《会计法》第五条规定：“会计机构、会计人员依法进行会计核算，实行会计监督。任何单位或者个人不得以任何方式授意、指使、强令会计机构、会计人员伪造、变造会计凭证、会计账簿和其他会计资料，提供虚假财务会计报告。任何单位或者个人不得对依法履行职责、抵制违反本法规定行为的会计人员实行打击报复。”财务人员在必要时可以明确表明自身有权拒绝违规操作。在遭遇强迫参与造假时，可向监管部门举报（如税务局、证监会、公安经侦部门），并申请法律保护。

3.职业道德与专业提升

定期参加合规培训（如税法、证券法、反洗钱法、刑法等讲座），了解最新的监管动态。考取专业资格，如CPA、税务师，强化职业判断能力，避免因过失导致风险。

综上可见，确保业务真实性需要从“制度设计—执行控制—监督问责”全链条入手，财务人员应坚守“不碰红线、不留盲区、不存侥幸”的原则，通过技术手段（如区块链存证）、法律武器和职业道德构筑起风险应对的防线。唯有努力将业务真实性原则嵌入到企业的DNA中，方能从根本上规避法律风险，实现个人与企业的双重安全。

五、不做假账是职业底线

有人会认为，做两套账、做假账是由上级指示的，所以主要责任在于上级而不是自己。实际上，假账也好，两套账也罢，直接负责人就是会计，情节严重的，也要追究刑事责任。

财务人员规避做假账、两套账的关键在于坚守法律底线、完善内控机制、强化自我保护。以下从法律风险、实务操作及应对策略角度，系统阐述规避方法：

（一）明确法律后果，坚守职业底线

财务人员不可不知以下法律规定：

1.《会计法》第四十一条

《会计法》第四十一条规定：“伪造、变造会计凭证、会计账簿，编制虚假财务会计报告，隐匿或者故意销毁依法应当保存的会计凭证、会计账簿、财务会计报告的，由县级以上人民政府财政部门责令限期改正，给予警告、通报批评，没收违法所得，违法所得二十万元以上的，对单位可以并处违法所得一倍以上十倍以下的罚款，没有违法所得或者违法所得不足二十万元的，可以并处二十万元以

上二百万元以下的罚款；对其直接负责的主管人员和其他直接责任人员可以处十万元以上五十万元以下的罚款，情节严重的，可以处五十万元以上二百万元以下的罚款；属于公职人员的，还应当依法给予处分；其中的会计人员，五年内不得从事会计工作；构成犯罪的，依法追究刑事责任。”

2.与假账相关的《刑法》主要规定

（1）《刑法》第二百零一条规定：“【逃税罪】纳税人采取欺骗、隐瞒手段进行虚假纳税申报或者不申报，逃避缴纳税款数额较大并且占应纳税额百分之十以上的，处三年以下有期徒刑或者拘役，并处罚金；数额巨大并且占应纳税额百分之三十以上的，处三年以上七年以下有期徒刑，并处罚金。扣缴义务人采取前款所列手段，不缴或者少缴已扣、已收税款，数额较大的，依照前款的规定处罚。对多次实施前两款行为，未经处理的，按照累计数额计算。有第一款行为，经税务机关依法下达追缴通知后，补缴应纳税款，缴纳滞纳金，已受行政处罚的，不予追究刑事责任；但是，五年内因逃避缴纳税款受过刑事处罚或者被税务机关给予二次以上行政处罚的除外。”

最高人民检察院 公安部《关于公安机关管辖的刑事案件立案追诉标准的规定(二）》第五十二条规定：“【逃税案（刑法第二百零一条）】逃避缴纳税款，涉嫌下列情形之一的，应予立案追诉：

（一）纳税人采取欺骗、隐瞒手段进行虚假纳税申报或者不申报，逃避缴纳税款，数额在十万元以上并且占各税种应纳税总额百分之十以上，经税务机关依法下达追缴通知后，不补缴应纳税款、不缴纳滞纳金或者不接受行政处罚的；

（二）纳税人五年内因逃避缴纳税款受过刑事处罚或者被税务机关给予二次以上行政处罚，又逃避缴纳税款，数额在十万元以上并且占各税种应纳税总额百分之十以上的；

（三）扣缴义务人采取欺骗、隐瞒手段，不缴或者少缴已扣、已收税款，数额在十万元以上的。

纳税人在公安机关立案后再补缴应纳税款、缴纳滞纳金或者接受行政处罚的，不影响刑事责任的追究。”

(2)《刑法》第一百六十二条规定：“【妨害清算罪】公司、企业进行清算时，隐匿财产，对资产负债表或者财产清单作虚伪记载或者在未清偿债务前分配公司、企业财产，严重损害债权人或者其他人利益的，对其直接负责的主管人员和其他直接责任人员，处五年以下有期徒刑或者拘役，并处或者单处二万元以上二十万元以下罚金。”

最高人民检察院 公安部《关于公安机关管辖的刑事案件立案追诉标准的规定（二）》第七条规定：“【妨害清算案（刑法第一百六十二条）】公司、企业进行清算时，隐匿财产，对资产负债表或者财产清单作虚伪记载或者在未清偿债务前分配公司、企业财产，涉嫌下列情形之一的，应予立案追诉：

（一）隐匿财产价值在五十万元以上的；

（二）对资产负债表或者财产清单作虚伪记载涉及金额在五十万元以上的；

（三）在未清偿债务前分配公司、企业财产价值在五十万元以上的；

（四）造成债权人或者其他人直接经济损失数额累计在十万元以上的；

（五）虽未达到上述数额标准，但应清偿的职工的工资、社会保险费用和法定补偿金得不到及时清偿，造成恶劣社会影响的；

（六）其他严重损害债权人或者其他人利益的情形。”

(3)《刑法》第一百六十一条规定：“【违规披露、不披露重要信息罪】依法负有信息披露义务的公司、企业向股东和社会公众提供虚假的或者隐瞒重要事实的财务会计报告，或者对依法应当披露的其他重要信息不按照规定披露，严重损害股东或者其他人利益，或者有其他严重情节的，对其直接负责的主管人员和其他直接责任人员，处五年以下有期徒刑或者拘役，并处或者单处罚金；情节特别严重的，处五年以上十年以下有期徒刑，并处罚金。

前款规定的公司、企业的控股股东、实际控制人实施或者组织、指使实施前款行为的，或者隐瞒相关事项导致前款规定的情形发生的，依照前款的规定处罚。

犯前款罪的控股股东、实际控制人是单位的，对单位判处罚金，并对其直接负责的主管人员和其他直接责任人员，依照第一款的规定处罚。”

最高人民检察院 公安部《关于公安机关管辖的刑事案件立案追诉标准的规定（二）》第六条规定：“【违规披露、不披露重要信息案（刑法第一百六十一条）】依法负有信息披露义务的公司、企业向股东和社会公众提供虚假的或者隐瞒重要事实的财务会计报告，或者对依法应当披露的其他重要信息不按照规定披露，涉嫌下列情形之一的，应予立案追诉：

（一）造成股东、债权人或者其他人直接经济损失数额累计在一百万元以上的；

（二）虚增或者虚减资产达到当期披露的资产总额百分之三十以上的；

（三）虚增或者虚减营业收入达到当期披露的营业收入总额百分之三十以上的；

（四）虚增或者虚减利润达到当期披露的利润总额百分之三十以上的；

（五）未按照规定披露的重大诉讼、仲裁、担保、关联交易或者其他重大事项所涉及的数额或者连续十二个月的累计数额达到最近一期披露的净资产百分之五十以上的；

（六）致使不符合发行条件的公司、企业骗取发行核准或者注册并且上市交易的；

（七）致使公司、企业发行的股票或者公司、企业债券、存托凭证或者国务院依法认定的其他证券被终止上市交易的；

（八）在公司财务会计报告中将亏损披露为盈利，或者将盈利披露为亏损的；

（九）多次提供虚假的或者隐瞒重要事实的财务会计报告，或者多次对依法应当披露的其他重要信息不按照规定披露的；

（十）其他严重损害股东、债权人或者其他人利益，或者有其他严重情节的情形。”

(4)《刑法》第一百六十二条之二规定：“【虚假破产罪】公司、企业通过隐匿财产、承担虚构的债务或者以其他方法转移、处分财产，实施虚假破产，严重损害债权人或者其他人利益的，对其直接负责的主管人员和其他直接责任人员，处五年以下有期徒刑或者拘役，并处或者单处二万元以上二十万元以下罚金。”

最高人民检察院 公安部《关于公安机关管辖的刑事案件立案追诉标准的规定（二）》第九条规定：“【虚假破产案（刑法第一百六十二条之二）】公司、企业通过隐匿财产、承担虚构的债务或者以其他方法转移、处分财产，实施虚假破产，涉嫌下列情形之一的，应予立案追诉：

（一）隐匿财产价值在五十万元以上的；

（二）承担虚构的债务涉及金额在五十万元以上的；

（三）以其他方法转移、处分财产价值在五十万元以上的；

（四）造成债权人或者其他人直接经济损失数额累计在十万元以上的；

（五）虽未达到上述数额标准，但应清偿的职工的工资、社会保险费用和法定补偿金得不到及时清偿，造成恶劣社会影响的；

（六）其他严重损害债权人或者其他人利益的情形。”

做假账可能触犯《刑法》多个条款，具体罪名和刑罚取决于做假账的具体行为和后果。作为财务人员，需要遵守会计职业道德规范，任何“灵活处理”“变通操作”都应当在合法的框架内，拒绝一切违规操作指令。

（二）完善企业内控，消除造假土壤

1.建立单一账套制度

（1）标准化核算

所有业务必须通过唯一账套处理，禁止私设账外会计核算系统。辅助会计核算台账和出于内部管理需要的管理会计账套除外。

（2）系统权限控制

财务软件设置操作留痕（如用友、金蝶的日志功能），禁止任何人在任何情况下无痕修改数据。

2.业务与财务数据联动

推动业财一体化（如ERP系统对接），确保采购、生产、库存、销售等业务数据自动同步至财务系统，减少人为干预空间。

3.分权制衡机制

（1）分离不相容职务

如出纳不得兼管稽核、会计档案保管；记账与审核岗位分离。

（2）重大事项集体决策

如资产处置、关联交易需经管理层会议审批并留档。

（三）规避假账的实务操作要点

1.收入真实性核查

（1）“四流合一”验证

合同、发票、资金、货物/服务流向必须一致，禁止通过个人账户收款或虚构交易。特殊情况下，为保证业务顺利推进，出现四流不一致情形的，须按规定流程报有权部门或管理人员批准。

（2）收入确认依据

以合同、物流签收单、服务验收报告等作为入账凭证，以《企业会计准则——收入》的规定为准绳来确认收入，杜绝仅凭发票确认收入。

2.成本费用合规管理

（1）凭证审核

所有费用报销需附完整证据链（如合同、发票、审批单、消费明细），禁止白条入账。

（2）关联交易定价

确保交易价格符合市场公允原则，留存第三方评估报告或市场比价信息备查。

3.资产与负债真实性核查

（1）定期盘点

现金、存货、固定资产需账实核对，发现差异，需查明原因并追溯责任。

（2）往来款清理

对长期挂账的应收/应付、预收/预付款项，要求业务部门提供催收或支付记录凭据，避免虚构债权债务。

（四）应对“被要求做假账”的自保策略

1. 书面拒绝与留痕

对违规指令，应通过邮件或书面报告的形式明确拒绝，注明“该操作违反《会计法》第×条”或其他明确的法律、行政法规和规章制度，并保留沟通记录。

拒绝在虚假凭证上签字，若被迫操作，需拍照或复印原始指令，如领导签批的假合同、假发票。

2. 举报与法律救济

可以内部举报，如向内部审计部门、董事会或监事会提交证据，提请整改。情况严重的，可以向外部举报，如向税务机关（12366）、证监会（证券违法）、纪委监委（国企）等实名或匿名举报。

自身利益和安全受到威胁的，可以寻求司法保护。

3. 离职避险

当情况无转圜余地，离职未尝不是一种好的选择。

如发现前任遗留假账问题，应当立即向上级报告并拒绝接手，避免成为“背锅侠”。若上级默认假账存在的，入职即离职是最好的“断舍离”修行法。

通过分析，规避做假账的核心逻辑，可以归纳为“三不”、“三留”和“三防”。

“三不”原则：不参与、不签字、不隐瞒；

“三留”策略：留证据、留记录、留退路；

“三防”机制：防指令压迫、防系统漏洞、防数据篡改。

财务人员必须清醒认识到，专业是立身之本，合规是生存底线。当企业系统性造假时，及时抽身是唯一选择，切不可为短期利益赌上职业生涯与人身自由。

六、其他风险防范技巧

（一）财务人员签章

财务人员受欺骗、胁迫、利诱，需要对一些本不愿意签字的文件签字时，可以用自己的签字章来代替签字，降低个人风险。

《中华人民共和国民法典》第四百九十条规定："当事人采用合同书形式订立合同的，自当事人均签名、盖章或者按指印时合同成立。"此处的章，主要是指公章，并不排除私人名章。但如果加盖的是私人名章，因为其并无登记备案，更容易发生效力方面的争议。自然人作为合同当事人，使用私章也就是个人名章代替签名签订合同的，其效力与签名等同。

《最高人民法院关于适用<中华人民共和国民事诉讼法>的解释》第九十一条规定："人民法院应当依照下列原则确定举证证明责任的承担，但法律另有规定的除外：（一）主张法律关系存在的当事人，应当对产生该法律关系的基本事实承担举证证明责任；（二）主张法律关系变更、消灭或者权利受到妨害的当事人，应当对该法律关系变更、消灭或者权利受到妨害的基本事实承担举证证明责任。"

该规定意味着在私章所代表的一方否认该私章为其所有、盖章行为非其所为，即否认与对方成立合同等法律关系时，应由主张合同等法律关系成立的一方证明该私章为对方所有以及盖章的行为为对方所为或对方委托他人所为。

（二）杜绝出借个人账户

财务人员向企业出借个人账户用于收付款，无外乎以下四种情况：一是部分业务体外循环，逃避税收征管；二是向业务开展过程中的有关人士输送不法利益；三是挪用企业资金，谋取不当利益；四是诈骗。

一切经济业务均应如实入账，这是《会计法》规定的基本要求。本属于企业的账款打入个人账户，偷逃税款成为必然，并且涉嫌转移了公司资产，存在侵害债权人和小股东合法利益的情形。当公司或实际控制人需要对此承担责任时，个人账户的持有人可能会因此承担连带责任。这是因为个人账户与公司账户的资金混同，导致公司资产的流失，进而损害了债权人和其他股东的利益。

企业在开展业务过程中，为了取得订单，或者以有利于己方的价格订立合同，通过向对方业务人员或关键人物行贿的方式输送不当利益。当金额足够大时，企业的负责人或实权人物会要求财务人员提供个人账户，作为向交易对手行贿的媒介，又或者通过虚构交易的手法，迂回地向交易对手支付钱款，这无疑触犯了《刑法》。

再则，根据《刑法》第二百七十二条规定，公司、企业或者其他单位的工作人员，利用职务上的便利，挪用本单位资金归个人使用或者借贷给他人，数额较大、超过三个月未还的，或者虽未超过三个月，但数额较大、进行营利活动的，或者进行非法活动的，都可能构成挪用资金罪。因此，如果个人账户被用来帮助公司收支钱款，且资金被挪用或用于非法活动，相关人员的行为可能会构成挪用资金罪。

此外，如果个人账户被用来帮助公司进行诈骗活动，如虚构交易、骗取他人财物等，根据《刑法》第二百六十六条规定，相关人员可能会面临诈骗罪的刑事责任。诈骗罪是一种严重的犯罪行为，不仅会导致刑事处罚，还会对受害人的财产造成损失。财务人员应擦亮眼睛，防止一时不慎，落入法网。

财务人员应当谨慎对待企业要求出借个人账户的行为，确保企业资金的合法运转和合规使用。

（三）不擅自销毁会计凭证和账簿

财务人员销毁会计凭证和账簿的原因有多种情况，主要原因有：一是觉得受到不公，一时间怒从心头起，恶向胆边生，毁了凭证和账簿；二是利益驱动，通过销毁会计账簿来隐藏真实的财务状况，从而达到逃税、非法经营等目的；三是逃避法律责任，销毁会计账簿以隐藏对企业或个人不利的证据。无论是一时不忿，还是利益因素使然，财务人员擅自销毁会计凭证、账簿都属于严重违法行为，将面临行政处罚、刑事追责、职业资格取消等多重后果，具体法律风险如下：

1.法律后果

（1）行政处罚

《会计法》第四十一条规定："……隐匿或者故意销毁依法应当保存的会计凭证、会计账簿、财务会计报告的，由县级以上人民政府财政部门责令限期改正，给予警告、通报批评，没收违法所得，违法所得二十万元以上的，对单位可以并处违法所得一倍以上十倍以下的罚款，没有违法所得或者违法所得不足二十万元的，可以并处二十万元以上二百万元以下的罚款；对其直接负责的主管人员和其他直接责任人员可以处十万元以上五十万元以下的罚款，情节严重的，可以处五十万元以上二百万元以下的罚款；属于公职人员的，还应当依法给予处分；其中的会计人员，五年内不得从事会计工作；构成犯罪的，依法追究刑事责任。”

同时，《会计法》第三十八条规定，隐匿或者故意销毁会计凭证、会计账簿、财务会计报告，贪污，挪用公款，职务侵占等与会计职务有关的违法行为被依法追究刑事责任的人员，不得再从事会计工作。

《中华人民共和国税收征收管理法》第六十三条规定：“纳税人伪造、变造、隐匿、擅自销毁账簿、记账凭证，或者在账簿上多列支出或者不列、少列收入，或者经税务机关通知申报而拒不申报或者进行虚假的纳税申报，不缴或者少缴应纳税款的，是偷税。对纳税人偷税的，由税务机关追缴其不缴或者少缴的税款、滞纳金，并处不缴或者少缴的税款百分之五十以上五倍以下的罚款；构成犯罪的，依法追究刑事责任。”

（2）刑事责任

《刑法》第一百六十二条之一规定：“【隐匿、故意销毁会计凭证、会计帐簿、财务会计报告罪】隐匿或者故意销毁依法应当保存的会计凭证、会计帐簿、财务会计报告，情节严重的，处五年以下有期徒刑或者拘役，并处或者单处二万元以上二十万元以下罚金。单位犯前款罪的，对单位判处罚金，并对其直接负责的主管人员和其他直接责任人员，依照前款的规定处罚。”

最高人民检察院 公安部《关于公安机关管辖的刑事案件立案追诉标准的规定（二）》第八条规定：“【隐匿、故意销毁会计凭证、会计帐簿、财务会计报告案（刑法第一百六十二条之一）】隐匿或者故意销毁依法应当保存的会计凭证、会计帐簿、财务会计报告，涉嫌下列情形之一的，应予立案追诉：

（一）隐匿、故意销毁的会计凭证、会计帐簿、财务会计报告涉及金额在五十万元以上的；

（二）依法应当向监察机关、司法机关、行政机关、有关主管部门等提供而隐匿、故意销毁或者拒不交出会计凭证、会计帐簿、财务会计报告的；

（三）其他情节严重的情形。”

若销毁账簿是为了掩盖贪污、挪用资金等犯罪行为，可能构成贪污罪、职务侵占罪、挪用资金罪，最高可判处死刑。

2.职业后果

第一章中我们提到过《会计法》中的职业生涯终断条款，即第三十八条规定：“因有提供虚假财务会计报告，做假账，隐匿或者故意销毁会计凭证、会计账簿、财务会计报告，贪污，挪用公款，职务侵占等与会计职务有关的违法行为被依法追究刑事责任的人员，不得再从事会计工作。”

违法行为公开后，个人的行业声誉将受损，在财务、审计、金融等领域继续任职的机会渺茫。

在面对违规销毁会计档案的指令时，财务人员所要做的，就是严守法律底线，严词拒绝违规命令，即使迫于上级压力也要明确告知其法律后果。对于不顾后果，仍坚持要求违规销毁会计档案的，财务人员可以通过邮件、书面报告等形式提出反对意见，并保留证据。必要时，向税务机关、纪委监委（国企）或公安机关举报。

（四）不担保、不抵押、不做挂名股东或法定代表人

财务人员应企业大股东或实际控制人要求，为企业提供担保、财产抵押、做挂名股东或法定代表人的情况，在实践中相当常见。财务人员在面对大股东或实际控制人提出此类要求时，一定要结合企业的经营情况、股东构成情况和自身能力，充分考虑其中潜在的诸多风险，不应当轻易应诺。一般情况下，财务人员只管做好本职工作，不担保、不抵押、不做挂名股东或法定代表人，才是安身之策。

1.为企业提供担保或抵押的法律风险

如果财务人员为企业向金融机构借款或其他经营行为签署了担保文件，一旦企业无法按期偿还债务，财务人员需要根据担保合同的约定承担一般保证责任或连带责任。财务人员以自己的财产为企业的债务提供抵押的，在企业无法偿债时，也将会失去抵押物。

2.挂名股东和法定代表人责任

即使财务人员只是挂名股东或法定代表人，当公司涉及违法违规行为，也可能被追究相应的法律责任。例如，公司偷税漏税或经济犯罪时，挂名股东或法定代表人可能需承担法律责任。再比如，作为法定代表人，公司若欠债无法偿还被起诉，法定代表人会被法院列入失信人名单，限制高消费，甚至影响贷款申请和个人信用记录。虽然，《公司法》第十条规定了公司的法定代表人由代表公司执行公司事务的董事或者经理担任，但是，实际情况是复杂的，明面上代表公司执行事务并不意味着实际拥有相应权力，提线木偶必会长期存在。

（五）尽量少创新

在万众创新的年代，提出尽量少创新，似乎不合时宜。不过，当认识到财务工作有着自身的客观性和局限性时，你就会明白，“尽量少创新”的提法是财务人员自我保护的良方。

无论何种形式的组织，财务工作都要确保会计核算和财务管理的合规性、准确性和稳定性。因此，在财务工作上提出大胆创新，本身就是一个悖论。

一些企业的账务处理混乱，往往是由于前后任会计人员不同的业务处理方式造成的。为了显得自己有水平，后任按自己的喜好，将同类业务调整到不同科目中核算，或者调整到相同科目不同明细科目中核算，以至于出现一拉明细发现同一个业务在许多不同科目下都有记录的情况。其实，只要前任的会计处理符合会计准则和相关法律法规的规定，后任在细节方面采取萧规曹随、宜静不宜动的策略才是稳妥之法。

企业运营过程中，会形成操作手册和诸多的业务流程图，财务工作尤其如此。新业务发生前后，对业务模式、内控重点、系统操作流程、涉税问题、会计分录等，财务部门都会有组织地讨论或培训，做到有备无患。在业务操作中逐渐累积经验，沉淀出适合企业自身的业务操作流程和风格。新入职或新调岗的财务人员往往在没有深入了解的情况下，凭着过往经验轻下判断，指摘前任会计、财务主管或分管财务的负责人，认为这些人做事麻烦，流程繁杂不简练，需要被推翻，需要创新，殊不知这些流程都是他们吃过亏，摔过跤，打磨过后才这样的。

对于大型企业而言，财务合规与风险可控，是对财务部门的核心要求。在上有《会计法》，下有会计准则，左有财税专家意见，右有内部控制制度，中间有老板和股东的虎视眈眈，还要应对不期而遇的各种检查的情况下，财务人员的创新，本就没有多少腾挪的空间。能够发挥财务人员能力，放开手脚搞创新的，管理会计将会是一个方向。能够创新多少，要看个人道行。

（六）管住自己的嘴

财务这份职业，无论你的性格是内向还是外向，都必须养成谨言慎行的职业习惯。你的心里必须有一个底线，必须能够控制住自己的嘴巴。“谨言慎行、机密不可泄”原则要求财务人员做到：不知道、不清楚的事情不乱说；涉及机密的内容，即便知道也坚决不说；不承诺自己有可能做不到的事情。能管住自己的嘴巴是一个人成熟的标志，对于财务人员尤其如此。

财务人员不要轻易与其他部门的同事结成同盟关系。其他部门的同事看重的是财务人员能够提供便利，能够为其服务，一旦结成同盟，职业操守失守也就自然而然地到来。

“持中守正”，财务人员应该将这四个字刻在心里。

第二节　外部渗入风险的防范

一、时代在前进，骗术在升级

在数字化转型日益加速的今天，企业财务部门虽然享受着技术带来的高效与便捷，但同时也面临着前所未有的网络安全挑战。一个领导的头像，一张银行回执单截图，抑或是一个链接，几通电话，骗子就可以从财务人员身上骗取巨额资金。

有关财务人员被诈骗分子骗取钱财的报道屡见报端，骗术与防诈术你追我赶，都在拼了命地升级。财务人员不得不比以往更加小心谨慎地行事，不断识别更多更新的骗术。

（一）目前常见的骗术

1.冒充领导诈骗

诈骗分子通过非法渠道获取企业财务人员的联系方式，然后冒充企业领导，通过微信、邮件、QQ等社交工具，要求财务人员向其指定的账户转账。财务人员在疏忽大意、未核实对方身份的情况下，依照“领导”指示转账，导致上当受骗，造成经济损失。

2.木马病毒植入

诈骗分子通过向财务人员的邮箱、微信（群）、QQ（群）“精准投毒”，发送带有木马病毒的邮件或链接，一旦点击或下载邮件中的链接或文件，电脑或手机就会被安装木马病毒。这些病毒可以让诈骗分子远程操控财务人员的设备，获取企业内部信息和财务状况，进而成功实施诈骗。

3.发票或工资补贴调整诈骗

诈骗分子伪造发票或以“电子发票”“税务政策”“工资补贴调整”等名义发送邮件或者链接，诱导财务人员点击或下载，从而植入木马病毒，盗取企业信息，进而骗取企业的钱财。

（二）对骗术的防范措施

1.严格管理通信软件

不向他人泄露通信软件的账号及密码，对于异常的借款和资金汇出要求，必须通过电话、视频或当面求证，确认真实性后再依据程序操作。

2.定期查杀病毒

有些邮件、网址链接、文件，虽来历不明，但伪装得极其严密，真假难辨，不小心点击在所难免，这就要求企业信息系统管理部门规范安装杀毒软件，定期查杀电脑病毒，避免不法分子通过木马病毒盗窃电脑信息。没有专门的信息系统管理部门的企业，财务人员应主动定期查杀电脑病毒。

3.加强制度建设

建立完善的内部审计制度，并与专业机构合作，提升企业防诈骗水平。财务人员应保持应有的警惕，对任何可疑的财务活动均深入了解并核实。

4.快速反应

倘若不幸被骗，应第一时间拨打110报警，将聊天记录、银行账号、被骗金额等信息提交公安。

二、抵制糖衣炮弹的诱惑

不少人认为，干财务这行，发不了财。的确，仅仅靠在财务岗位上拿着死工资发财很难。这给了一些外部人员可乘之机，为了达到某些目的，用各种好处来拉拢财务人员，从而让财务人员做出违规甚至违法的行为。有些财务人员没有经受住糖衣炮弹的诱惑，走上了邪道。

财务人员作为企业资金和财务数据的核心管理者，常常面临来自外部的各种利益诱惑，这些糖衣炮弹看似友好，实则可能引发法律风险、职业道德危机甚至刑事犯罪。常见的外部人员或机构用来引诱财务人员的手段，包括供应商回扣、客户的好处费、金融机构的返点、中介机构的佣金等。这些行为往往触犯法律，比如《反商业贿赂法》《刑法》中的非国家工作人员受贿相关条款。要杜绝这些行为，不仅需要强化企业内控制度、加强内部审计监督，也需要财务人员遵守职业道德，培养法律意识，将“持中守正”的思想内化于心。

（一）常见的糖衣炮弹类型及手段

1.供应商/客户贿赂

（1）现金回扣

供应商承诺按采购金额的一定比例返现给采购人员和财务人员。供应商的现金回扣，给付至采购人员的情况较多。由于财务人员掌握了一定的付款权限，这给财务人员的权力变现提供了支点，从而在供应商的现金回扣中分到一杯羹。客户向销售人员及财务人员贿赂，常出现于阶段性卖方市场或垄断市场中，客户为取得经销权或货源优先权，采取向销售人员及财务人员行贿，结成利益共同体的方式，以达成其目的。

（2）礼品与消费

通过赠送奢侈品、购物卡、免费旅游或高档宴请的形式行贿，是现实中重要的行贿手段。

（3）隐性利益输送

如帮助财务人员亲属安排工作、低价购房或子女入学、指定至第三方物资采购后变现等，这些行为隐蔽性强，认定难度大。

2.金融机构的“特殊合作”

（1）贷款返点

银行客户经理私下承诺给予贷款金额一定比例的“奖励”，如贷款1亿元返0.1%给财务人员。

（2）揽储返点

银行工作人员，尤其是中小银行的工作人员为揽储私下允诺财务人员除支付给企业法定利息外，额外支付给个人“奖励”。

（3）理财佣金

诱导企业购买高风险理财产品，财务人员私下从中获取高额佣金。

（4）违规过桥资金

财务人员与金融机构和过桥资金提供方合谋，通过提高过桥资金利率，增加了企业的财务负担，从而分取利益。

3.第三方中介的利益绑定

（1）审计/税务等机构收益分成

一是向审计/税务等机构提供商业机会，借机谋取私利；二是与会计师事务所等中介机构合谋，说服企业主通过违法的方式开展税务筹划（企业主未必知道存在违法之处），中介机构按“节税金额”收费，之后与财务人员分成。

（2）资产评估溢价

财务人员与评估机构串通高估资产价值，协助企业骗取银行贷款，从中牟利。或者上市公司财务负责人与评估机构合谋虚增资产价值，操纵股价。

4.关联方利益输送

（1）虚构交易套取企业资金

利用外部关联企业通过虚假合同转移资金，如虚开服务费发票套现，财务人员从中按约定取得好处。

（2）利用股权代持

财务人员以他人名义持有外部公司股权，通过与其所在企业交易牟利。

5.数据买卖与信息泄露

（1）出售财务数据

财务人员向竞争对手或投资机构泄露企业预算、成本结构、营业收入、仍未公开的财报等核心数据牟利。

（2）泄露重要信息

财务人员通过泄露重要信息，如上市公司即将重组的内幕消息，收受好处费。

（二）糖衣炮弹的“包装术”

外部诱惑往往披着看似合法的外衣，财务人员需警惕以下包装术：

1.“行业惯例”

声称“其他公司都这么做，不会有风险”“业内都在拿，你为什么不拿？不拿白不拿”。

2.“合作共赢”

建立在牺牲企业的利益基础之上的“合作共赢”，就是为了拉财务人员下水，达到长期拥有商业机会的目的。

3.“个人交情”

通过长期情感投资，如频繁送礼、帮助解决私事，降低财务人员的防备心理。

（三）法律与职业风险

1.刑事责任

（1）非国家工作人员受贿罪/受贿罪

《刑法》关于非国家工作人员受贿罪的规定是在第一百六十三条第一款和第

二款："公司、企业或者其他单位的工作人员，利用职务上的便利，索取他人财物或者非法收受他人财物，为他人谋取利益，数额较大的，处三年以下有期徒刑或者拘役，并处罚金；数额巨大或者有其他严重情节的，处三年以上十年以下有期徒刑，并处罚金；数额特别巨大或者有其他特别严重情节的，处十年以上有期徒刑或者无期徒刑，并处罚金。

公司、企业或者其他单位的工作人员在经济往来中，利用职务上的便利，违反国家规定，收受各种名义的回扣、手续费，归个人所有的，依照前款的规定处罚。"

本罪的主体是特殊主体，即公司、企业或者其他单位的工作人员。根据最高人民法院、最高人民检察院《关于办理商业贿赂刑事案件适用法律若干问题的意见》（法发〔2008〕33号），"公司、企业或者其他单位的工作人员"，包括国有公司、企业以及其他国有单位中的非国家工作人员。"其他单位"，既包括事业单位、社会团体、村民委员会、居民委员会、村民小组等常设性的组织，也包括为组织体育赛事、文艺演出或者其他正当活动而成立的组委会、筹委会、工程承包队等非常设性的组织。

但是，国有公司、企业或者其他国有单位中从事公务的人员和国有公司、企业或者其他国有单位委派到非国有公司、企业以及其他单位从事公务的人员利用职务上的便利受贿的，依照《刑法》第三百八十五条、第三百八十六条的规定，以受贿罪定罪处罚。

最高人民检察院 公安部《关于公安机关管辖的刑事案件立案追诉标准的规定（二）》第十条规定："【非国家工作人员受贿案（刑法第一百六十三条）】公司、企业或者其他单位的工作人员利用职务上的便利，索取他人财物或者非法收受他人财物，为他人谋取利益，或者在经济往来中，利用职务上的便利，违反国家规定，收受各种名义的回扣、手续费，归个人所有，数额在三万元以上的，应予立案追诉。"

根据最高人民法院 最高人民检察院《关于办理贪污贿赂刑事案件适用法律若干问题的解释》（法释〔2016〕9号），《刑法》第一百六十三条规定的非国家工作人员受贿罪中的“数额较大”“数额巨大”的数额起点，按照本解释关于受贿罪相对应的数额标准规定的二倍、五倍执行。

根据该解释，受贿数额在三万元以上不满二十万元的，应当认定为“数额较大”，受贿数额在二十万元以上不满三百万元的，应当认定为“数额巨大”。相对应的，非国家工作人员受贿罪中的“数额较大”的起点按照受贿罪相对应的数额标准的二倍，即六万元；“数额巨大”的起点按照受贿罪相对应的数额标准的五倍，即一百万元。

（2）职务侵占罪/贪污罪

《刑法》第二百七十一条第一款：“公司、企业或者其他单位的工作人员，利用职务上的便利，将本单位财物非法占为己有，数额较大的，处三年以下有期徒刑或者拘役，并处罚金；数额巨大的，处三年以上十年以下有期徒刑，并处罚金；数额特别巨大的，处十年以上有期徒刑或者无期徒刑，并处罚金。”

同时，本条第二款针对国有公司、企业或者其他国有单位中从事公务的人员和国有公司、企业或者其他国有单位委派到非国有公司、企业以及其他单位从事公务的人员犯有前款行为的，依照《刑法》第三百八十二条、第三百八十三条的规定定罪处罚，即贪污罪。贪污罪最高刑为死刑。

最高人民检察院 公安部《关于公安机关管辖的刑事案件立案追诉标准的规定（二）》第七十六条规定：“【职务侵占案（刑法第二百七十一条第一款）】公司、企业或者其他单位的人员，利用职务上的便利，将本单位财物非法占为己有，数额在三万元以上的，应予立案追诉。”

根据最高人民法院 最高人民检察院《关于办理贪污贿赂刑事案件适用法律若干问题的解释》（法释〔2016〕9号），《刑法》第二百七十一条规定的职务侵占罪中的“数额较大”“数额巨大”的数额起点，按照本解释关于贪污罪相对应的数额标准规定的二倍、五倍执行。

根据该解释，贪污数额在三万元以上不满二十万元的，应当认定为“数额较大”，贪污数额在二十万元以上不满三百万元的，应当认定为“数额巨大”。相对应的，职务侵占罪中的“数额较大”的起点按照贪污罪相对应的数额标准的二倍，即六万元；“数额巨大”的起点按照贪污罪相对应的数额标准的五倍，即一百万元。

（3）挪用资金罪/挪用公款罪

《刑法》第二百七十二条第一款：“公司、企业或者其他单位的工作人员，利用职务上的便利，挪用本单位资金归个人使用或者借贷给他人，数额较大、超过三个月未还的，或者虽未超过三个月，但数额较大、进行营利活动的，或者进行非法活动的，处三年以下有期徒刑或者拘役；挪用本单位资金数额巨大的，处三年以上七年以下有期徒刑；数额特别巨大的，处七年以上有期徒刑。”

同时，本条第二款针对国有公司、企业或者其他国有单位中从事公务的人员和国有公司、企业或者其他国有单位委派到非国有公司、企业以及其他单位从事公务的人员犯有前款行为的，依照《刑法》第三百八十四条的规定定罪处罚，即挪用公款罪。挪用公款罪最高刑为无期徒刑。

最高人民检察院 公安部《关于公安机关管辖的刑事案件立案追诉标准的规定（二）》第七十七条规定：“【挪用资金案（刑法第二百七十二条第一款）】公司、企业或者其他单位的工作人员，利用职务上的便利，挪用本单位资金归个人使用或者借贷给他人，涉嫌下列情形之一的，应予立案追诉：

（一）挪用本单位资金数额在五万元以上，超过三个月未还的；

（二）挪用本单位资金数额在五万元以上，进行营利活动的；

（三）挪用本单位资金数额在三万元以上，进行非法活动的。

具有下列情形之一的，属于本条规定的‘归个人使用’：

（一）将本单位资金供本人、亲友或者其他自然人使用的；

（二）以个人名义将本单位资金供其他单位使用的；

（三）个人决定以单位名义将本单位资金供其他单位使用，谋取个人利益的。”

根据最高人民法院 最高人民检察院《关于办理贪污贿赂刑事案件适用法律若干问题的解释》（法释〔2016〕9号），《刑法》第二百七十二条规定的挪用资金罪中的“数额较大”“数额巨大”以及“进行非法活动”情形的数额起点，按照本解释关于挪用公款罪“数额较大”“情节严重”以及“进行非法活动”的数额标准规定的二倍执行。

该解释对挪用公款罪“数额较大”“情节严重”以及“进行非法活动”的数额标准：

挪用公款归个人使用，进行非法活动，数额在三万元以上的，应当依照《刑法》第三百八十四条的规定以挪用公款罪追究刑事责任；数额在三百万元以上的，应当认定为《刑法》第三百八十四条第一款规定的“数额巨大”。具有下列情形之一的，应当认定为刑法第三百八十四条第一款规定的“情节严重”：

（一）挪用公款数额在一百万元以上的；

（二）挪用救灾、抢险、防汛、优抚、扶贫、移民、救济特定款物，数额在五十万元以上不满一百万元的；

（三）挪用公款不退还，数额在五十万元以上不满一百万元的；

（四）其他严重的情节。

挪用公款归个人使用，进行营利活动或者超过三个月未还，数额在五万元以上的，应当认定为刑法第三百八十四条第一款规定的“数额较大”；数额在五百万元以上的，应当认定为刑法第三百八十四条第一款规定的“数额巨大”。具有下列情形之一的，应当认定为刑法第三百八十四条第一款规定的“情节严重”：

（一）挪用公款数额在二百万元以上的；

（二）挪用救灾、抢险、防汛、优抚、扶贫、移民、救济特定款物，数额在一百万元以上不满二百万元的；

（三）挪用公款不退还，数额在一百万元以上不满二百万元的；

（四）其他严重的情节。

2.职业信誉损失

（1）《会计法》中的职业生涯终断条款，即第三十八条规定：“因有提供虚假财务会计报告，做假账，隐匿或者故意销毁会计凭证、会计账簿、财务会计报告，贪污，挪用公款，职务侵占等与会计职务有关的违法行为被依法追究刑事责任的人员，不得再从事会计工作。”

（2）个人征信记录受损，影响未来贷款、就业，连累子女失去入伍、考公等机会。

（四）应对策略

1.建立防御机制

（1）制度层面

建立健全内部控制制度，例如实行采购、付款、审批“三权分立”，避免一人独揽关键流程，以及推行定期轮岗制度等手段，最大限度铲除产生腐败的土壤。

（2）技术层面

使用数字化审批系统，留痕所有操作（如用友NC、金蝶EAS）。引入大数据风控工具，监测异常交易（如同一供应商频繁中标、付款周期异常）。

2.强化职业道德建设

通过制度明确红线，禁止与供应商/客户私下接触，如单独用餐、娱乐。禁止收受礼品，出于商业礼节收受礼品，单次价值在500元以上的，上交企业。

3.自我保护措施

（1）留存证据

对可疑邀约全程录音，及时向合规部门报备（如微信记录、邮件）。书面记录相关方的利益输送尝试，通过企业邮箱等正式渠道报告上级。

（2）合法举报

通过企业内部举报通道（如审计委员会）或外部监管平台（如证监会12386热线）反映问题。

财务人员面临的糖衣炮弹，本质上是权力寻租的变形，唯有坚守职业道德底线、完善内控机制、保持应有的对法律的敬畏，方能在复杂商业环境中守护住自身的安全。

第三章
税务领域风险防范

财务人员面临的税务领域风险，一般表现在三个方面：第一，财税人员对税收法律、行政法规、部门规章、规范性文件的理解和执行产生偏差，遭到税务机关的查处而增加税收滞纳金、罚款等额外支出的风险；第二，财务人员主观上故意违反税收政策，试图少交或不交税款，由此带来的行政处罚和刑事处罚的风险；第三，企业因多缴税款或未用足税收优惠政策而使单位减少了应得经济利益所带来的内部处罚的风险。

财务人员想要在日常工作中规避税务风险，就需要充分认识到企业税务健康检查、业务与税务的融合的重要性，并在实践中逐渐形成一揽子应对税务风险的策略。

第一节　基础建设——税务健康检查机制

提到税务健康检查机制，就不得不提及企业整体风险管理框架。税务健康检查机制是企业整体风险管理框架的组成部分。规模以上企业抛开企业整体风险管理框架，只谈税务健康检查机制是片面的，也是有害的。所谓企业整体风险管理框架，是一种系统性的方法，用于识别、评估、管理和监控企业面临的各种风险，确保企业在实现战略目标的过程中，能够有效地应对不确定性，保障企业资产和声誉不受损，并创造长期价值。

在税务健康检查机制建设的过程中，“保障企业资产和声誉不受损，并创造长期价值”的思想必须得到始终贯彻。否则，容易堕入一叶障目、只见树木不见森林的陷阱中。

一、搭建税务健康检查机制的框架

企业建立税务健康检查机制是防范税务风险的核心抓手。财务人员需要构建系统化的税务健康检查机制的框架、标准化的评估体系和常态化的整改机制。

（一）战略定位与目标设定

1.确定检查目标

税务健康检查机制要为企业整体利益服务，这就要求财务人员从三个方面确定税务健康检查的目标。

（1）日常合规性检查

旨在识别和纠正日常税务工作中潜在的税务问题，确保企业遵守税法和相关规定，规避税务风险。主要内容和方法：

①税务登记和备案的合规性与及时性。

检查内容：确认企业税务登记信息和备案信息的及时性和准确性，在发生登记信息变更或备案事项期限届满时，在规定的期限内及时更新。例如，创投企业选择按单一投资基金核算方式，对其个人合伙人来源于创投企业的所得计算个人所得税应纳税额的，应当按照《财政部 税务总局 国家发展改革委 中国证监会关于延续实施创业投资企业个人合伙人所得税政策的公告》（财政部 税务总局 国家发展改革委 中国证监会公告2023年第24号）的规定，在按照《创业投资企业管理暂行办法》（发展改革委等10部门令第39号）或者《私募投资基金监督管理暂行办法》（证监会令第105号）关于创业投资企业（基金）的有关规定完成备案后30日内，向主管税务机关进行核算方式备案；未按规定备案的，视同选择按创投企业年度所得整体核算。创投企业选择一种核算方式满3年需要调整的，应当在满3年的次年1月31日前，重新向主管税务机关备案。

风险提示：信息不准确或更新不及时可能导致税务处罚或者失去享受税收优惠的机会。

②税款缴纳的合规性。

检查内容：核实是否按时、足额依法缴纳各项税款，包括增值税、所得税等，检查申报数据与会计记录是否一致。会计处理与税务处理存在差异时，是否留存导致差异发生的支持性证据。财务人员必须清楚地认识到，由于会计准则与税法规范的对象和目标不同，两者之间的差异是无法消除的。如果企业以税法为基础进行核算，会导致会计功能的弱化和会计信息的失真，这使得财税适度分离成为必然。准确核算税会差异并留存支持性证据是每个会计年度财务人员必须完成的工作。

风险提示：拖欠税款或申报错误将会产生滞纳金和罚款。

③发票管理的合规性。

检查内容：确保发票的领取、开具、使用和保存符合规定；核对取得的进项发票和其他发票的真实性、合法性以及与发生的经济业务的一致性。围绕发票做文章，通过虚开增值税专用发票和其他发票用于虚增收入或虚构成本等手段，是财务造假、偷逃税款等违法行为的常见手法。

风险提示：使用不合规发票或虚假发票将导致税务风险和企业损失，严重的将导致刑事处罚。

④税收优惠和减免的合规性。

检查内容：税收优惠和减免的合规性是企业合法享受政策红利的关键，需从政策依据、条件符合性、申报流程及风险防范等多方面严格把控。税收优惠通常分为核准类和备案类，例如高新技术企业享受15%所得税优惠税率属于核准类，需要提交专项材料；而小型微利企业所得税优惠属于备案类，需要财务人员在申报时自行填报并留存资料备查。部分优惠和减免有执行期限，需及时跟踪政策更新，避免过期失效仍违规享受。可见，税收优惠和减免的合规性检查需贯穿政策选择、申报（备案）执行、动态监控全流程。财务人员应以企业的真实业务为基础，结合行业特点与政策要求，通过规范操作和专业支持降低风险，实现合法节税。

风险提示：享受不符合条件的或者过了时效的税收优惠或减免将被视为偷逃税款。

⑤会计核算的合规性。

检查内容：会计核算的合规性在企业运营中占据着至关重要的地位。确保会计记录和报表的真实、准确和完整，符合会计准则要求，不仅直接影响企业的财务管理质量，更关系着税收缴纳的准确性和企业税务工作的效率。

风险提示：虚假或不规范的会计记录和报表会导致补税和受到税务处罚

风险。

⑥用工的合规性。

检查内容：核实劳动合同签订情况，员工工资、社保和公积金的缴纳是否符合规定。特别是招聘特定人群（残疾人、退役军人等）享受税收优惠政策的，是否按规定签订合同并缴纳社保；核实劳务用工的合法性，是否存在以劳务形式替代实质上的劳动用工的情况；是否滥用灵活用工（如虚假外包、虚开劳务发票）进行税务筹划，存在被认定为虚开发票或逃税，面临补税、罚款甚至刑事责任的风险；核实工资薪金发放流程，关注有无大量现金发薪，逃避个税的情形。

风险提示：用工不合规容易引发税务风险和劳动纠纷。

通过系统性的税务合规性检查，企业可以有效识别和纠正税务问题，降低税务风险，确保企业合法合规运营。

（2）争取并享受税收优惠政策的全流程检查

在上文“日常合规性检查”中已提及“税收优惠和减免的合规性”，我们需要进一步详细了解税收优惠政策全流程检查包含的内容。财务人员可以通过以下方式为企业争取税收优惠政策，并通过持续跟进检查的方式，力求企业利益最大化：

①了解税收政策。系统化学习税收知识，及时关注国家及地方政府发布的税收优惠政策，了解政策的具体内容、适用对象和申请条件。必要时，可以向财税顾问、会计师、税务师、税务律师等专业人士咨询，获取专业建议，确保准确理解政策。

②准备材料。收集申请税收优惠政策所需要的相关资料，包括但不限于营业执照、财务报表、专项报告、行业资质、研发投入证明等必要材料。所准备的材料务必能够充分证明企业符合政策规定的申请条件。

③提交申请。选择适当的申请方式，可以根据政策要求，选择线上或线下方式提交申请。务必确保提交的信息完整无误。

④享受优惠。一方面，要积极主动地配合税务部门的审核工作，及时提供补充材料。另一方面，财务人员应当合规使用税收优惠政策，在享受税收优惠期间

内，确保企业的运营符合政策的规定，避免通过违规的方式满足政策要求。

⑤持续关注。一是持续关注政策动态，及时调整企业策略以适应新的政策要求。二是定期评估税收优惠政策对企业的影响，优化税务筹划方案。

通过以上步骤，企业可以有效争取并利用税收优惠政策，降低税负，提升竞争力。

（3）对交易重构的检查

财务人员可以建议企业管理层通过改变业务模式、业务拆分和重组、跨区域经营等重构交易的方式争取更多的经济利益，但需要持续、定期地检查交易的整体结构，以确保重构后交易的合理性、合法性，同时确保交易重构符合企业整体战略，具备成本效益性。举例如下：

①变更经营模式。农产品生产企业将自营模式变更为“公司+农户”模式，与农户签订委托种植或养殖合同，企业承担技术指导、统一管理、采购、销售、市场开拓等职责和风险。这种模式下，企业可享受免征增值税和企业所得税的优惠。

农产品生产企业的财务人员开展税务健康检查，要确保企业实际运营过程中，符合《国家税务总局关于纳税人采取“公司+农户”经营模式销售畜禽有关增值税问题的公告》（国家税务总局公告2013年第8号）、《财政部 国家税务总局关于印发〈农业产品征税范围注释〉的通知》（财税字〔1995〕52号）附件、《农业产品征税范围注释》和《中华人民共和国企业所得税法实施条例》等税收政策的规定，并持续关注税收政策变动，优化业务模式。

②调整销售模式。例如，具有一般纳税人资格的食品加工企业将经营模式全部或部分变更为现场制作食品并直接销售给消费者或以外卖的形式销售给餐饮酒店，依法按照餐饮服务缴纳增值税，税率从13%降至6%。

③拆分业务。将无票业务拆分出来，在园区注册个体工商户或采购中心，使其能够开具增值税发票，同时享受园区税收补贴政策，降低整体税负。

④通过合并或分立，企业可以享受税收递延或免税待遇。

例如，在合并中，满足特殊税务处理条件的，合并企业可按被合并企业的原有计税基础确定资产和负债的计税基础，并可在规定的限额范围内弥补被合并企业的亏损。

⑤资产收购与股权转让。在进行资产收购与股权转让时，企业需仔细评估不同方式的税负影响，选择最优方案。例如，在企业重组时，符合条件的股权转让可享受特殊性税务处理，递延纳税。

⑥利用区域性税收优惠政策。在特定地区或园区注册企业，享受当地的税收优惠政策，如降低税率、税收返还等政策。

财务人员应根据企业自身实际情况，结合税收政策，与业务部门沟通现有业务的交易模式，探讨合理重构交易模式的可能性，从而降低税负，提高经济效益。同时，确保操作合法合规，避免税务风险。

2. 制定检查周期

财务人员可结合企业自身情况，如所处行业是高风险行业还是低风险行业、企业规模及业务复杂度等因素，以及外部税务监管环境和税收政策变化频繁程度，遵循“年度全面检查+季度专项检查+重大项目必检”的总方针，制定常态化的税务健康检查机制，将检查周期化，同时又不失灵活性。

（二）组织架构搭建

税务健康检查机制中的组织架构搭建，是确保企业税务合规和风险管理的关键步骤。一个综合性的组织架构搭建方案包括三个主层级和一个辅助层级：

1. 主层级

（1）领导与决策层

成立税务健康检查领导小组。领导小组由企业高层领导（主要由CFO牵头）组成，负责制定税务健康检查的战略方向和政策，提供必要的资源支持。

（2）管理与执行层

由企业内部设置的税务管理部门具体负责整体税务健康检查的组织和实施工作，包括制定检查计划、协调各部门合作、监督执行情况。财务部门提供财务数据支持，协助税务管理部门进行数据分析和风险评估。法务部门提供法律咨询和支持，确保税务健康检查合法合规。对于没有专门设置税务管理部门的企业，由财务部门履行税务管理部门的职责。

（3）操作与实施层

由税务专业人员、财务人员、各部门抽调的参与人员组成税务健康检查小组，负责具体实施税务健康检查，包括数据收集、风险识别、问题分析和报告撰写。根据实际情况需要，可以分别设置税务风险识别组（业务+财务+税务）、数据采集验证组（IT+财务+税务）、整改方案执行组（法务+财务+税务），确保权责落实到具体人员。需要强调的是，规模以上企业税务健康检查小组中的IT部门人员是不可或缺的，数据的采集、验证、分析以及信息系统和数据的安全，离不开IT部门的技术支持。

2.辅助层级

聘请专业的财税顾问或税务律师，提供专业的税务意见和解决方案。与税务机关建立良好的沟通渠道，及时获取最新的税收政策信息，交流疑难问题。

通过以上组织架构的搭建，企业可以系统地开展税务健康检查，及时发现和解决税务问题，降低税务风险，确保税务上的合规。

（三）税务健康检查的流程设计

精心设计的税务健康检查的流程，是全面评估企业的税务合规状况、精准识别潜在税务风险的保证。以下是通用的税务健康检查具体实施阶段的流程，旨在为财务人员和企业内部税务管理人员设计适用的税务健康检查的流程提供参考。

1.数据采集

根据事先确定的检查目的、涉及的税种范围、设定的时间期限以及明确具体的业务领域，采集基础数据，收集资料，这些数据和资料包括但不限于电子账套、电子表格、会计凭证、财务报表、纳税申报表以及税务处理文件等。这一步骤是确保检查工作具有针对性和有效性的基础，对后续的检查分析至关重要。

2.风险扫描

根据当次检查目的，有选择地从以下方面着手，扫描潜在税务风险：

（1）总体性风险扫描

① 会计核算与税收法规合规性检查。从账套、会计凭证、账簿入手，全面

检查企业的会计处理是否严格遵循会计准则和税收法规的相关规定。这是确保企业税务合规的基础。

② 财务报表分析。对企业的财务报表进行深入分析，综合评估其整体的合理性。密切关注财务报表中相关指标的异常变动，识别潜在的税务风险区域，为后续的详细检查提供方向。

③ 税负预警分析。将企业的实际税负与同行业的平均税负进行对比分析，深入研究企业税负偏低或偏高的具体原因。这有助于发现企业潜在的税务问题，提前进行预警。

④ 纳税申报检查。仔细核对企业的纳税申报表与实际经营情况，确保申报数据的真实性和准确性。避免因数据错误或遗漏而导致的税务风险。

（2）分税种风险扫描

① 增值税检查。重点关注企业的进项税额抵扣情况、确认的增值税纳税义务发生时间是否正确、销项税额的计算过程以及视同销售事项的处理。确保企业在增值税方面的处理符合相关法律法规的要求。

② 企业所得税检查。关注企业的收入确认情况、成本费用的列支范围以及税前扣除项目的合规性。确保企业所得税的计算和缴纳符合企业所得税法的规定。

③ 个人所得税检查。核实企业是否为员工依法扣缴个人所得税，对各类福利补贴和股权激励的税务处理应作为重点对象进行严格检查。

④ 其他税种检查。根据企业的实际情况，对涉及的房产税、城镇土地使用税、土地增值税等其他税种进行检查。确保企业在所有税种上的处理都符合税法要求。

（3）发票风险扫描

① 发票抵扣检查。严格核实企业取得的用于抵扣的包括增值税专用发票在内的凭据是否真实有效，抵扣过程和抵扣金额是否符合相关规定。防止企业因虚假发票或不合规抵扣引发税务问题。

② 税前扣除检查。确认各类费用支出是否取得了合法的票据，并在税前扣

除的过程中是否符合税法规定，有无超过限额的情况发生。确保企业税前扣除的费用支出合法合规。

3.问题诊断

风险扫描与问题诊断并非截然分开的两部分，风险扫描的过程就是问题诊断的过程。问题诊断是在风险扫描基础上的继续推进和深入，更具有针对性，并且侧重于采用现场访谈、实地核查、取证记录等手段，夯实发现的问题。

（1）现场访谈

与企业的管理人员、业务人员、财务人员进行面对面的访谈，深入了解业务流程和内控制度的执行情况。通过访谈获取第一手信息。

（2）实地核查

对企业的经营场所、仓库等重要场所进行实地核查，验证财务数据的真实性。通过现场观察和实物核对，确保企业提供的财务数据与实际经营情况相符。

（3）取证记录

详细记录在检查过程中发现的所有问题，并妥善取得相关的证据材料。这些记录和证据将是后续编写检查报告和提出整改建议的重要依据。

4.整改意见

全面整理检查记录，汇总发现的问题和存在的风险点，并分门别类。在此基础上撰写税务健康检查报告。报告内容应包括检查的全过程、发现的具体问题、相关的税法依据以及有针对性的整改建议，确保报告内容翔实、逻辑清晰、妥切实用。

5.跟踪复核

（1）跟踪整改

积极督促企业根据检查报告中的问题和建议进行整改，并持续跟踪整改的进展情况。确保企业相关部门能够及时有效地解决发现的税务问题，消弭风险。

（2）定期复核

定期对企业税务管理情况进行复核，确保整改措施落实到位。通过定期的复核，持续监控企业的税务健康状况，帮助企业不断提升税务管理水平。

通过以上精心设计的流程，企业可以全面深入地了解自身的税务健康状况，及时发现并解决潜在问题，从而显著提高税务合规水平。

（四）制度文件固化

税务健康检查制度的文件固化是指将税务健康检查的相关流程、标准和要求以正式文件的形式确定下来，以便于企业内部的执行和遵循。

1.制定《税务健康检查管理办法》

具体包括以下内容：

（1）明确的目的和依据

明确税务健康检查的目的，如防范税务风险、实现诚信税务等，并列出依据的法律法规和企业内部管理制度。

（2）确定检查对象和范围

税务健康检查的对象，包括集团职能部门、全资子公司、控股子公司等。检查的具体范围，包括主要税种的税务处理、纳税申报、特殊事项涉税方案等。

（3）组织机构和职责

明确负责税务健康检查的部门，如企业内部税务管理部门或者财务部门，并规定其职责和权限，包括组织实施检查、编写检查报告、后续跟踪复核等。

（4）检查实施程序

详细描述税务健康检查的实施步骤，如选取检查对象、通知检查对象、现场检查、资料审阅、问题沟通等。

（5）检查结果报告和处理

规定检查结果的梳理、沟通和报告流程，包括发现税务风险点的处理方式、整改要求等。

（6）信息保密和使用

强调税务健康检查信息的保密性，未经批准不得对外公开，同时规定可以在内部以案例形式发布典型风险事项。

2.编写《税务健康检查操作手册》

具体包括以下内容：

（1）撰写检查流程详细说明

主要包括流程中每个步骤的操作方法、注意事项和时间要求等关键内容。

（2）制定检查工具和模板

提供检查所需的工具和模板，如检查清单、访谈问卷、数据分析表、涉税事项审批权限表等，以提高检查效率和处理问题的及时性。

（3）风险点的识别和应对措施

列出常见的税务风险点，并提供相应的识别方法和应对措施，帮助检查人员快速定位问题并提出解决方案。

3.建立《税务健康检查档案管理制度》

具体包括以下内容：

（1）档案分类和归档

明确税务健康检查档案的分类标准和归档要求，确保档案的完整性和可追溯性。

（2）档案保管和查阅

明确档案的保管责任、保管期限和查阅权限，确保档案的安全和使用上的便利。

（3）档案销毁和保密

规定档案的销毁程序和保密要求，防止档案信息泄露或被不当使用。

4.制度文件定期评估和更新

（1）定期评估制度文件

定期对税务健康检查制度的执行情况进行评估，及时发现问题并改进。

（2）文件的更新和完善

根据最新的涉税法律法规、企业内部管理制度和实际操作经验，及时更新和完善税务健康检查制度和相关文件。

通过以上步骤，企业可以将税务健康检查制度文件固化，确保税务健康检查工作的规范化、制度化和常态化，有效防范税务风险。

二、税务健康检查机制的核心模块

（一）基础合规性检查

企业开展税务基础合规性检查，主要从程序性角度确保企业遵从税法、防范风险。

中国目前有18项税种，分别是增值税、企业所得税、个人所得税、印花税、消费税、城市维护建设税、房产税、城镇土地使用税、契税、土地增值税、耕地占用税、车辆购置税、车船税、关税、资源税、环境保护税、烟叶税和船舶吨税。

不同企业所涉及的税种有所不同，在开展税务合规性检查时，针对企业所涉税种的实际情况，要做到全税种扫描，涵盖税种申报、发票管理、账簿凭证等。例如关注以下事项：

（1）申报数据与财务数据的一致性问题和差异是否合理，如增值税申报表销项税额与收入账目比对存在差异的，要分析差异的产生是否符合会计准则和增值税税收政策的规定。

（2）检查数电票冲红操作的流程是否合规。

（3）核实留抵退税台账是否完整，与申报数据是否一致。

（4）关注企业享受的税收优惠备案资料是否完整，是否留存备查，如研发费加计扣除辅助账、研发项目可研报告等资料是否完备。

（5）关联交易定价文档是否准备齐全等。

（二）交易实质性验证

税务健康检查中的交易实质性验证是指对企业发生的各项交易进行深入审查，以确认其真实性、合法性和合规性。这一过程是税务风险管理的重要环节，旨在识别和评估潜在的税务风险，确保企业业务的合规性，并提出改进建议。主要手段是核查“四流”是否一致、关联交易定价是否合理、商业模式与税目匹配程度等与交易相关的核心事项，以确定是否存在虚构交易、转移利润、税目错配等严重违反税收法律法规的情形，进而采取整改措施。

1.验证交易的真实性

首先，核实交易是否有正式的合同作为依据，若有，则需进一步审查交易合同，核实合同内容是否与实际交易相符。若无交易合同，则需要分析发生交易是否出于商业惯例，抑或其他合理原因。

其次，验证交易的资金流向是否与合同约定一致，是否存在异常的资金流动。

最后，核实物流和信息流。对于涉及实物交易的，检查货物的收发记录、运输单据、检验记录等，确保物流与交易合同记录相符；对于服务交易，通过电子数据、沟通信息、会议纪要等核实提供和接受服务的记录。

2.验证交易的合法性

检查交易是否遵守了相关的法律法规，包括但不限于税收法规、民法典等。检查交易是否存在违法违规行为，如是否存在虚假交易、偷税漏税、洗钱等行为。

3.验证交易的合规性

核实交易是否符合企业内部管理制度，是否按照企业的内部控制制度和流程进行，是否有相应的审批记录。检查交易的会计处理是否符合会计准则的要求，是否准确反映了交易的实质。

4.评估交易的风险

（1）识别潜在税务风险

分析交易可能带来的税务风险，如税负增加、税务争议等。

（2）提出风险应对措施

根据识别出的税务风险，提出相应的应对措施，如调整交易结构、完善内部控制等。

通过交易实质性验证，企业可以有效识别和控制税务风险，确保业务的合规性，避免因税务问题带来的经济损失和声誉损害。

（三）高风险领域专项排查

不同类型、不同行业的企业，所涉及的高风险领域并不相同，这需要财务人员或企业内部税务管理人员根据实际情况择定。此处通过列举的方式，将常见的高风险领域罗列出来，以供参考。

1.企业重组

（1）错误享受增值税优惠政策

在存续分立中，仅货物和不动产、土地使用权转让不征收增值税，其他无形资产转让需缴纳增值税。若错将专利权等无形资产转让作为不征税事项处理，会面临补缴增值税款和滞纳金的风险。

（2）土地增值税风险

根据《关于继续实施企业改制重组有关土地增值税政策的通知》（财政部 税务总局公告2023年第51号）规定，按照法律规定或者合同约定，企业分设为两个或两个以上与原企业投资主体相同的企业，对原企业将房地产转移、变更到分立后的企业，暂不征收土地增值税。分立时若股东发生改变，不动产转移时需缴纳土地增值税。若错误地认为股东变化不影响优惠政策的享受，会存在税务风险。

（3）特殊性税务处理不合规

制定重组方案时，未深入分析税收政策，使得重组方案不符合特殊性税务处理的条件，却又错误地以为可以享受优惠政策，可能会被认定为偷税。例如，合并亏损企业时，在一般性重组中，被合并企业的亏损不得在合并企业结转弥补，只有符合适用特殊性税务处理规定条件的，方可将被合并企业的亏损在合并企业结转弥补。错误处理的结果，将导致企业税负增加。

（4）税务风险承继

由于重组，收购方会承继被收购方历史遗留的税务问题，如购买发票、虚构交易、虚开发票、偷逃税款等，收购方需承担补税和罚款的责任。

2.跨境交易

跨境交易所得可能在不同国家或地区被征税，需深入了解不同国家或地区的税收法律，避免双重征税。此外，境内企业向境外支付佣金时，境外单位或者个人在境内未设经营机构的，以购买方为增值税扣缴义务人，代扣代缴增值税；如果佣金是支付给境外个人的，且该所得属于来自中国境内的所得，根据《中华人民共和国个人所得税法》，应代扣代缴个人所得税；如果佣金是支付给境外企业的，境外企业在中国境内未设立机构或场所，或者虽设立机构但取得的所得与其所设机构没有实际联系，根据《中华人民共和国企业所得税法》，应当就其来源于中国境内的所得缴纳企业所得税。但如果业务完全发生在境外，例如完全在境外提供的咨询服务，则不需在中国缴纳企业所得税。

3.政府补助

政府补助作为企业获取外部资源的重要途径，在促进企业发展、推动产业升级方面发挥着重要作用。然而，政府补助的涉税问题却常常困扰着企业，也是税务健康检查的重点和难点。

（1）政府补助是否需要缴纳增值税，关键在于补助是否与企业的销售收入或数量直接挂钩。《国家税务总局关于取消增值税扣税凭证认证确认期限等增值税征管问题的公告》（国家税务总局公告2019年第45号）明确规定，纳税人取得的财政补贴收入，如果与其销售货物、劳务、服务、无形资产、不动产的收入或者数量直接挂钩，应按规定计算缴纳增值税；反之，如果财政补贴收入与其他情形相关，则不属于增值税应税收入，无须缴纳增值税。例如，某汽车生产企业收到的新能源汽车推广应用财政补助，如果补助金额与车辆销售价格挂钩，那么这部分补助需要缴纳增值税。而稳岗补贴由于与企业的销售收入或数量没有直接关系，则无须缴纳增值税。

（2）在企业所得税方面，政府补助的税务处理相对复杂。根据《企业所得税法》及其实施条例，财政拨款通常被视为不征税收入。然而，这一规定在实际操作中常常引发争议。为此，财政部、国家税务总局发布了一系列文件对政府补助的企业所得税处理进行明确。《财政部 国家税务总局关于专项用途财政性资金企业所得税处理问题的通知》（财税〔2011〕70号）规定，企业从县级以上各级人民政府财政部门及其他部门取得的应计入收入总额的财政性资金，在符合一定条件的情况下，可以作为不征税收入处理。这些条件包括：企业能够提供资金拨付文件，文件中规定该资金的专项用途；财政部门或其他拨付资金的政府部门对该资金有专门的资金管理办法或具体管理要求；企业对该资金以及以该资金发生的支出单独进行核算。

需要注意的是，作为不征税收入的财政性资金用于支出所形成的费用，不得在计算应纳税所得额时扣除。这意味着，虽然企业在一定条件下可以将政府补助作为不征税收入处理，但这些补助资金所产生的费用也不能在税前扣除。

对于政府补助中属于应税收入的部分，企业需要将其计入应纳税所得额，按照规定缴纳企业所得税。在计算应纳税所得额时，企业可以按照规定扣除与取得政府补助相关的成本费用。例如，企业收到用于研发项目的政府补助并作为应税收入处理的，在项目研发过程中发生的研发费用可以在计算应纳税所得额时按规定扣除。

同时，企业在处理政府补助的企业所得税时，需注意税会差异。会计处理方面，与资产相关或补偿未来支出的政府补助，可按权责发生制分期确认递延收益。在企业所得税处理方面的原则是，政府补助税务确认时点为实际收到时（收付实现制），除非符合不征税收入条件。若作为应税收入处理的，即使会计上已做递延收益处理，税务上仍须在收到当年全额计税，产生的应纳税暂时性差异，需通过《企业所得税年度纳税调整表》调增收入，后续会计年度再做调减处理。

4.关联交易

企业发生关联交易的税务风险主要体现在以下几个方面：

（1）转移定价

也就是说交易定价不公允，利用关联交易将利润转移至低税率地区、享受优惠税率的关联企业或存在亏损的关联企业，从而降低整体税负。税务机关有权对不公允的定价做出调整。

（2）不规范的合同管理

由于是关联方，同一控制人常以管理指令代替交易合同，财务人员未及时确认和申报收入，导致交易和纳税申报时点不一致，违规延期纳税。例如，子公司根据母公司的指令，在年末统一开具发票并申报纳税，这种行为存在未按规定时间申报增值税和企业所得税的风险。

（3）利用关联交易违规拆借资金

关联企业之间无偿或低息拆借资金，不符合独立交易原则，存在被税务机关纳税调整的风险。一些集团性的企业，以关联交易为幌子，行拆借资金之实。这些交易往往在目的达成后，通过取消合同、红字开票的方式抹平交易、还回资金。在税务健康检查过程中，此类虚构交易的行为，应当引起检查人员的高度重视。

（4）利用虚构关联交易逃避税款

此类行为比转移定价更为恶劣，因为是通过虚构业务的方式，利用关联交易逃避税款。其手法与转移定价类似。

（5）隐匿关联关系进行交易

表现为通过复杂的股权架构，隐匿真实的关联关系进行交易，逃避税务机关对关联交易的监管。

5.高管薪酬

高管薪酬可能存在税收法律风险的安排：

（1）拆分收入

手法1：将高管工资拆分至非本公司人员名下，或在本公司虚列的人员名下，以降低个税税负。此安排属于编造虚假的计税依据，是偷逃税款的行为，会被责令限期改正并处罚款，如果在五年内因逃避缴纳税款受过刑事处罚或者被税务机关给予二次以上行政处罚，将可能构成刑事犯罪。

手法2：高管通过虚构业务、虚假交易、虚开发票等方式套现发薪，逃避纳税或降低税负。一旦被查处，将面临补缴税款、滞纳金和罚款处罚，甚至负刑事责任。

（2）利用税收洼地或灵工平台

在不合规的税收筹划平台的诱惑之下，使用税收洼地或灵工平台虚开发票、套取资金发放薪酬，平台和企业都可能面临虚开发票的行政和刑事责任，企业还需承担未代扣代缴个人所得税的风险。

（3）其他违规操作

手法1：直接隐瞒收入，不申报或少申报高管的部分收入，逃避纳税义务。

手法2：利用个人消费取得的发票或外购发票套取薪酬。

手法3：将持有公司股权或股份的高管的酬薪，析出部分以“分红”的名义缴纳个人所得税，以降低税负。

6.股权激励

股权激励的税务处理较为复杂，检查人员应关注三个重要方面：

（1）纳税义务时点

关注股权激励的行权、转让等环节，确认的纳税义务发生时间是否准确。

（2）适用税率

关注是否正确适用“工资薪金所得”或“财产转让所得”的税率。

（3）递延纳税政策

关注是否符合递延纳税的条件，是否存在滥用政策的情况。

（四）税收优惠体检

1.优惠政策适用条件复核

如国家鼓励的集成电路企业税收优惠政策条件、小型微利企业认定条件、软件企业认定条件、高新技术企业研发费用占比和高新收入占比等，这需要检查人员结合企业自身情况逐项比对适用的税收优惠政策的条件，发现问题及时纠正。

2.优惠计算准确性验证

如软件企业即征即退的计算结果、研发费用加计扣除的计算结果、重点群体就业税收优惠的计算结果等是否准确。

3.优惠延续性管理

税收优惠延续性管理，要求检查人员对企业适用的且即将到期的税收优惠政策进行评估，判断到期后是否满足适用条件，是否需要调整业务结构，并结合新的优惠政策判断延续适用原有优惠政策是否为最优选择，是否需要调整以确保政策效果的持续性、稳定性和收益性。以下是常见税收优惠延续性管理的措施：

（1）政策评估

对现有税收优惠政策实施效果进行全面评估，包括政策对企业负担减轻、收益增加等方面的影响。收集和分析相关数据，了解享受优惠政策实际上为企业带来了多少优惠金额、放弃该项优惠政策，得失相抵后的结果，对企业的影响是有利还是有害，并关注政策执行中出现的问题。

（2）政策调整

根据评估结果，决定是否继续或放弃适用优惠政策，或选择新的适用的优惠政策，确保政策的适用更加有利于企业。

（五）稽查应对能力评估

检查人员可以从三个维度对企业应对税务稽查的能力进行评估。

1.证据链完整性检查

以业务合同为起点，从收付款、货物/服务流和票据匹配程度出发，核查业务证据链的完整性。

2.文档管理规范性检查

检查企业是否按政策要求形成完整的书面资料或电子文档，如研发项目立项报告存档。建立集中管理并可追溯的税务档案系统，确保税务文件的完整性和可追溯性，以便在发现问题时能够提供必要的证据和文件支持。

3.危机应对预案有效性检查

检查人员应当定期进行模拟演练，通过模拟税务危机情境，检验财务部门税务在危机预案中的危机管理流程、通知措施和紧急应对措施是否能够有效执行。检查人员还可以通过重新计算税负率、核对成本费用的分摊是否合理、收入确认是否符合会计准则和税收法规等方法，对财务数据的准确性、发票的合规性以及税务处理的正确性进行检查，及时发现和纠正潜在问题，强化预案的有效性。

三、财务人员在税务健康检查中的五大核心工作

（一）税务数据治理

税务数据治理是对税务数据进行规划、管理、监督和控制的系统性过程，旨

在提高数据质量，确保数据安全，并充分发挥数据的价值。良好的税务数据治理可以帮助企业降低税务风险，提高税务合规性，优化税务管理流程，提升税务决策的科学性和效率。

财务人员应当制定统一的税务数据标准，包括数据定义、格式、编码等，确保数据的一致性和准确性。在此基础上建立税务数据仓库，涵盖申报表、优惠备案材料、内外部税务稽查案例等，运用数据清洗、数据校验、数据监控、数据加密、访问控制、安全审计等技术，提高税务数据的完整性、准确性、安全性和隐私性。

还应当对税务数据进行全生命周期管理，了解税务数据的产生、存储、使用、归档和销毁的全生命周期管理流程，确保数据的有效利用和规范管理。

在实务中，有些企业通过数据清洗，剔除了无票支出等风险数据，还发现了滞留的进项发票并及时抵扣。

（二）税务风险预警

1.税务风险预警指标

在实务中有许多实用的税务风险预警指标，以下指标仅供财务人员参考：

（1）增值税相关指标

① 增值税税负率变动异常。计算企业税负变动率，若与上期差异超过预警值（如±30%），可能存在账外经营、少计收入或多抵进项等问题。

② 进项税额与销项税额变动弹性异常。正常情况下，两者变动应基本一致。若弹性系数异常，可能意味着隐瞒收入或虚增进项。

③ 增值税专用发票用量变动异常。专用发票使用量骤增（如超过上月30%），可能存在虚开风险。

④ 增值税收入与所得税收入不一致。两者差异超过10%需说明原因，可能涉及少计收入。

（2）企业所得税相关指标

① 所得税贡献率异常。低于行业预警值，可能存在少计收入、多列成本等问题。

② 连续亏损但经营规模扩大。连续多年亏损但规模扩大，可能存在隐匿收入或虚列成本的情况。

③ 预缴所得税与汇缴所得税差异大。预缴低于汇缴70%，可能存在偷逃税款的行为。

（3）收入与成本相关指标

① 主营业务收入变动率异常。低于行业平均水平，可能少计收入。

② 期末存货与当期累计收入差异幅度异常。存货余额远大于累计收入，或者偏离可比数据较大的，可能存在未确认收入。

③ 成本长期大于收入。虚增成本或隐匿收入的概率很大。

（4）往来款项指标

① 预收账款占主营业务收入比重过大。如超过主营业务收入的20%，可能存在未确认收入。

② 应收账款异常。期末值较期初值增加额超过当期营业收入金额的80%，可能存在隐匿收入。

③ 应收账款、其他应收款余额巨大且长期挂账。余额较大且长期未清理，可能涉及隐匿收入或虚开发票等问题。

④ 应收账款余额大幅度减少。意味着应收款回收工作出色，也可能意味着企业存在坏账准备或坏账损失的情况，需进一步查实。

（5）发票管理指标

① 发票多次增量。短时间内发票增量多次，可能存在问题。

② 发票开具后大量作废。如作废比例超过日常平均水平，可能存在虚构交易、粉饰财务报表的情况。

③ 大部分发票顶额开具。如开具金额满额度高于90%，可能存在虚开发票的问题。

（6）其他指标

① 期间费用变动率与收入变动率差异大。相差超过20%，可能存在虚增成本或偷税的情况。

② 个税申报和所得税工资薪金比对不一致。两者差异较大，可能存在多列工资，少缴个税的情况。

③ 水电费与销售收入比对异常。水电费高但产出低，可能存在体外循环，偷逃税款的情况。

通过监控这些指标，财务人员能及时发现潜在的税务风险，采取有效措施，确保企业税务合规。

2.税务风险预警处理

当税务风险预警指标出现警示信息后，财务人员应当按以下步骤处理：

（1）核实预警信息

了解预警的具体内容、涉及的税种和时间段等信息。

（2）查纠问题根源

对企业的财务账目、发票开具及取得情况进行全面核对。检查是否存在数据错误或遗漏、计算不准确、疏忽大意、故意违规等问题。

（3）整改

收集并整理与警示信息相关的财务资料、业务合同、银行流水等证据，以此为依据，制定具体的整改措施，包括更正错误或补充记录、补缴税款、调整申报数据等，以确保税务处理的合规性。

（三）业、财、税联动

业务、财务和税务的联动，使税务的全面化、精细化、智能化管理成为可能。将税务规划、税务风险、税务合规等纳入到业务和财务中，运用先进的税务管理工具和技术手段，实现税务管理的智能化和精细化，降低税务风险并提高税务效率。

有代表性的联动情形，包括参与业务合同的税务条款审核，如增值税额是否单列，包税条款风险提示。再比如财务人员指导业务部门留存活动证据，如市场推广活动的照片、开会时的会议纪要及出席人员签到表等。

（四）整改推进

当税务健康检查小组出具检查报告后，财务人员需要根据报告的整改意见，制定详细的、分阶段的整改计划表，建立整改台账。计划表须明确整改目标、责任人和完成时限。整改台账须能够全面反映自问题描述开始，到责任人、完成时限、结果验证，全过程记录整改执行情况。必要时，修订和完善企业的税务管理制度，如《税务健康检查管理办法》《税务健康检查操作手册》等制度。

（五）税务知识积累

财务部门可安排专人负责编写《税务风险案例集》，并定期增删、修改案例集。定期开展业务部门、财务部门、内部税务管理部门人员参与的税务培训。通过培训和对案例的学习，提升员工对税务知识的掌握能力，并鼓励员工将所学知识运用到实务中去。

四、税务健康检查机制优化路径的建议

财务人员可以利用PDCA循环优化税务健康检查机制。PDCA循环，又称戴明环，是一种广泛应用于质量管理和持续改进的科学程序，由美国质量管理专家沃特·阿曼德·休哈特首先提出，并由戴明采纳和宣传普及。PDCA是Plan（计划）、Do（执行）、Check（检查）和Act（处理）的首字母缩写，代表了质量管理的四个阶段。

利用PDCA循环优化税务健康检查机制，可以通过系统性、持续改进的方式提升税务管理的规范性和风险防控能力。以下是结合PDCA循环对税务健康检查机制各阶段进行优化的具体实施步骤。

（一）Plan（计划阶段）：明确目标与方案设计

1.问题识别与目标设定

（1）分析当前税务健康检查机制的痛点，如检查频率低、覆盖面不全、风险识别滞后等。明确优化目标，如提升合规性、降低税务风险、提高效率。

（2）设定量化指标，如风险问题发现率、整改完成率、检查周期缩短比例等。在税务健康检查机制搭建阶段，可以对标同行业相关指标数据，没有同行业相关指标数据或者获取同行业相关指标数据存在困难的，可以自行设定量化指标，视实际运行情况再行调整。

2.制定检查框架与标准

（1）依据税法更新动态和行业实践，完善税务健康检查的评估标准，包括：

① 合规性标准。如纳税申报准确性、发票管理规范性等。

② 风险性标准。如关联交易、税收优惠滥用、跨境业务风险等。

（2）结合企业所在行业特点，设计分层分类的检查清单。例如按常规检查、专项检查、高风险业务专项核查分类；按企业集团内成员的经营规模和职能部门涉税重要性程度分为基础层、标准层和高级层。这样形成检查整体框架，有助于检查人员有的放矢，抓住重点。

3.资源整合与技术准备

税务健康检查小组的成员来自多个部门，需要持续强化跨部门团队（财务、税务、法务、IT等）的作用，在实践中磨炼协作的能力。

引入数字化工具，如税务风险扫描系统、大数据分析平台，构建自动化风险预警模型。如果税务健康检查机制已运用数字化工具，应提升数字工具的功能、稳定性和安全性。

（二）Do（执行阶段）：高效实施与动态调整

1.标准化检查流程

按计划开展税务健康检查，采用“线上+线下”结合的方式：

线上筛查：通过税务管理系统抓取数据，进行异常指标分析，如税负率波动、进销项匹配差异；

线下核查：针对高风险领域，如关联交易定价、跨境支付，进行资料审查和实地访谈。

2.数据驱动与技术赋能

利用大数据分析识别隐性风险，如行业税负对比、同类型企业横向分析；结合AI算法预测潜在风险点，如虚开发票模式识别、税收优惠滥用可能性。

3.动态反馈与灵活调整

优化税务健康检查机制是动态的、持续的过程，在检查过程中应实时记录问题。对于突发性政策变化，例如出台了新的税收法规，检查人员应及时调整检查重点。

（三）Check（检查阶段）：效果评估与根因分析

1. 结果比对与绩效评估

将检查结果与计划目标对比，分析差距产生的原因，如高风险问题未覆盖、整改率未达标等原因；还可以通过多维指标如风险识别准确率、问题整改时效等评估机制有效性。

2. 根因分析与问题归类

对发现的问题进行溯源，区分技术性错误（如申报表填写错误）和系统性风险（如内控制度缺陷），进而使整改工作高效推进。还需识别出新的高频风险领域，为后续改进提供方向。

3. 外部对标与经验总结

他山之石，可以攻玉。总结自身经验，参考同行或行业标杆的税务管理实践，寻找自身短板。

（四）Act（处理阶段）：改进固化与持续迭代

1. 制度化改进措施

将有效经验固化为标准操作流程（SOP），例如更新《税务健康检查管理办法》《税务健康检查操作手册》，制定《高风险业务税务管理指南》。针对系统性缺陷优化内控制度，如增设税务风险审批节点。

2. 未解决问题转入下一循环

对于复杂问题，例如企业存在跨境税基侵蚀问题，制定分阶段解决计划，纳入下一轮PDCA循环。根据“问题跟踪清单”跨循环跟进未解决问题，确保整改闭环。

3. 技术升级与能力建设

优化税务管理系统功能，如增加自动化风险预警模块，定期开展税务培训，提升团队专业能力与风险敏感度。

（五）PDCA循环的持续优化路径

1.动态适应政策环境，构建“预防型”税务管理

（1）关注政策动态

定期浏览国家税务总局、各地税务局官方网站，订阅税务政策解读邮件或公众号，及时获取最新的税务政策信息。

（2）分析政策影响

组织专业团队对新政策进行深入研究，评估其对企业税务的影响，制定相应的应对措施。

（3）建立信息共享平台

在企业内部建立税务信息共享平台，及时发布和更新税务政策，确保相关人员了解最新政策。

通过PDCA循环，税务健康检查从“事后纠错”转向“事前防控”，形成一个持续改进的闭环管理系统，不断提升税务管理的效率和合规性。

2.强化协同机制

打通税务健康检查小组与业务、财务、IT部门的数据壁垒，对现有的税务、业务、财务、IT系统进行整合，消除信息孤岛，实现数据的互联互通、信息共享与联动响应。

3.关键成功因素

（1）高层支持

高层支持可以确保资源投入和跨部门协作。

（2）数据质量

基础数据的完整性与准确性是发现问题和分析问题前提。

（3）敏捷性

相关人员要有快速响应政策变化和业务模式创新的敏感度。

（4）文化渗透

将税务合规意识融入企业日常经营中。

通过PDCA循环的持续迭代，税务健康检查机制逐步从被动应对转向主动防

控，最终实现税务管理的规范化、智能化和长效化。

我们也要注意到，虽然PDCA循环具有四个阶段周而复始的循环性、阶梯式提升税务检查水平的功能和适用于不同层级和范围的灵活性，但是可能会导致惯性思维。在运用PDCA循环优化税务健康检查机制时，应鼓励在计划和执行阶段尝试新方法，保持灵活性；在检查阶段，要有学习心态，敏感捕捉问题，提高创新能力。

税务健康检查机制不是简单的“查错纠偏”，而是企业税务治理能力的集中体现。通过构建“全税种覆盖、全流程嵌入、全维度监控”的检查体系，以财务人员为主要成员的检查小组可以变被动应对为主动管理，真正实现从“救火队员”到“防火专家”的角色升级。建议企业每年投入税务健康检查的费用不低于年度纳税总额的0.5%，这是最具性价比的风险防控投资。

第二节　业务与税务的融合

在当今全球化和市场经济的时代背景下，企业经营面临着诸多挑战，其中税务问题无疑是重中之重。税务问题不仅直接影响企业的财务成本和利润水平，还关系到企业的合规经营和市场竞争力。随着国际税收环境的日益复杂化以及各国税收政策的不断调整，企业在经营过程中必须高度重视税务问题，否则可能面临巨额的税务罚款、法律诉讼甚至声誉损失。

一、认识税务合规的重要性

税务合规是企业经营的基本要求之一。企业必须严格按照所在国家和地区的税法和相关法规进行税务申报和缴纳税款，以避免因税务违规而遭受的法律处罚和财务损失。企业税务管理的主要目标之一就是准确纳税，即在结合现行税法及相关司法解释的基础上，确保企业缴纳税款的及时性和足额性。准确纳税不仅可以避免因延迟或不足额纳税而产生的罚款和利息，还能提高企业的税务合规性，增强企业的市场信誉和竞争力。

此外，税务问题还关系到企业的声誉和品牌形象。在信息高度透明的现代社会，企业一旦被曝光存在税务违规行为，将迅速引发公众的关注和谴责，严重损害企业的品牌形象和市场信誉。例如，近年来一些跨国企业因逃避税款而受到各国税务机关的调查和处罚，不仅支付了巨额的罚款，还失去了大量的客户和市场份额。因此，企业必须高度重视税务合规性，确保在经营过程中严格遵守税法和相关法规，避免因税务问题而对企业声誉和品牌形象造成负面影响。

如何将业务与税务紧密融合在一起，确保企业经营更加顺畅、税务上更加合规，同时充分体现成本效益原则，是每一位财务人员必须思考的重要课题。

二、企业税务管理的目标及基本原则

（一）税务管理的三大目标

企业税务管理的三大核心目标包括：准确纳税、规避风险和税务筹划。

企业税务管理的主要目标之一就是准确纳税，即在结合现行税法及相关司法解释的基础上，确保企业缴纳税款的及时性和足额性。准确纳税不仅可以避免因延迟或不足额纳税而产生的罚款和利息，还能提高企业的税务合规性，增强企业的市场信誉和竞争力。

规避税务风险要求企业建立完善的税务风险管理体系，通过定期进行税务审计和风险评估，及时发现和纠正潜在的税务问题，避免因税务违规而遭受的法律处罚和财务损失。通过建立完善的税务风险管理体系，企业可以有效规避税务风险，降低税务成本，提高企业的经济效益。

税务筹划则要求企业在合法的前提下，通过对纳税主体的投资和经营活动等涉税事项进行优化布置，达到少缴或者迟延缴税的目的。

（二）四个基本原则

企业税务管理应遵循的四个基本原则是：合法、诚实守信、事先筹划和成本效益。合法原则是基础，所有税务活动都必须在法律框架内进行。诚实守信原则要求企业在税务申报和缴纳过程中保持诚信，避免任何形式的税务欺诈。事先筹划原则要求企业在进行重大经济活动前，事先进行税务规划和设计，以实现税务优化。成本效益原则强调在合规的基础上，通过有效的税务筹划减少税务成本，同时还要求在减少的税务成本与增加的运营成本之间权衡，以实现企业利益最大化。

合法原则要求企业在进行税务管理过程中，严格遵守税法和相关法规，避免任何形式的税务违规行为。合法原则是企业税务管理的首要原则，企业在生产经营过程中，应当严格遵循法律、法规要求，税务管理工作也不例外。在税法、行政法规范围内进行税务管理，合理谋划税收管理活动，并且运用科学、合法的手段和方法，帮助企业实现节税、减负。

诚实守信原则要求企业在税务申报和缴纳过程中保持诚信，避免任何形式的税务欺诈行为。诚实守信原则是市场经济条件下对企业的最基本道德要求，而且对市场经济发展有着非常积极的意义。企业税务管理实际上就是企业、政府间的博弈，在此过程中企业讲究诚信纳税，降低博弈成本，对实现增收大有益处。通过保持诚信纳税，企业可以与税务机关建立良好的合作关系，降低税务风险，提高企业的市场信誉和竞争力。还可以通过与政府建立良好的关系，获取更多的税务优惠政策和支持，提高企业的竞争力和市场地位。

事先筹划原则要求企业在进行重大经济活动前，事先进行税务规划和设计，以实现税务优化。事先筹划原则是指企业必须在发生纳税行为前进行事先规划以及安排。在企业各项经济活动过程中，纳税义务滞后于纳税行为，客观上为企业事先进行筹划提供了可能性，企业可以有效规避税负、降低税负。通过事先的税务筹划，企业可以在合法的前提下，优化税务结构，减少税务成本，提高企业的经济效益。

成本效益原则要求企业在税务管理过程中，通过合理的税务筹划和成本控制，最大限度地减少税务成本，提高企业的经济效益。成本效益原则是企业税务管理的重要原则之一，企业进行税务管理的根本目的在于实现成本效益，通过成本控制来实现节税。

三、业务与税务融合是企业的现实需求

随着市场竞争的加剧，企业需要将业务与税务更紧密地结合起来，以实现更高效的运营和更强的市场竞争力。业务与税务的融合不仅可以帮助企业合法优化税务成本，还能通过合理的税务筹划提高企业的整体运营效率和市场响应速度。现代企业税务管理不仅要求企业在税务合规的基础上进行税务筹划，还需要企业在业务决策过程中充分考虑税务因素的影响，将税务管理与业务运营紧密结合。

企业可以通过建立统一的数据平台和信息系统，实现税务与财务数据的互联互通，从而实现税务和业务的融合。企业还可以通过统一的数据平台，实现税务与业务数据的实时共享和同步更新，提高税务申报的准确性和及时性，减少因数据不同步而产生的税务风险和合规问题。

此外，企业可以通过优化业务流程和加强内部协作，实现税务与业务的深度融合。例如，在进行投资决策时，企业可以通过事先的税务筹划，选择具有税收优惠政策的投资项目或地区，从而降低投资成本和提高投资回报率。在进行供应链管理时，企业可以通过优化采购和销售策略，合理安排货物流和资金流，以最大限度地利用税收优惠政策，降低税务成本。

四、在业务与税务融合中应体现成本效益原则

成本效益原则作为一种重要的决策工具，强调在决策中权衡投入与预期收益，确保资源投入的收益大于成本。成本效益原则在现代企业管理中有着举足轻重的地位。它要求在做出任何决策之前，必须对预期的成本和收益进行详尽的分析，以确保所获得的收益能够超过所付出的成本，从而实现资源的有效配置。在税务与业务融合的背景下，成本效益原则的应用不仅能降低税负、优化资源配置，还能提升企业整体竞争力。

（一）成本效益原则的基本内涵

成本效益原则是指在进行任何投资或采取任何行动之前，必须对预期的成本和收益进行详细的分析，以判断该行动或投资是否值得进行。其核心在于确保所

获得的收益能够超过所付出的成本，从而实现资源的有效配置。成本效益分析不仅涉及直接的财务成本和收益，还包括间接的、长期的影响。例如，在企业决定是否投资新生产线时，除了考虑直接的设备购置成本和预期的销售收入，还需要评估市场变化、技术进步等不确定因素对项目未来收益的影响。

（二）成本效益原则在业务与税务融合中的应用

1.成本效益原则在税收筹划中的应用

以下是具体应用场景和实践策略：税收筹划是企业税务管理的重要组成部分。通过合理的税收筹划，企业可以在合法合规的前提下，最大限度地降低税负，提高盈利能力。成本效益原则在税收筹划中的应用主要体现在以下方面：

（1）方案选择

在制定税收筹划方案时，企业需要对不同的方案进行成本效益分析，选择性价比最高的方案。例如，在选择投资地点时，企业需要综合考虑不同地区的税收优惠政策、运营成本等因素，通过成本效益分析确定最优的投资地点。

（2）风险评估

税收筹划方案往往伴随着一定的风险，如政策变化风险、税务检查风险等。企业需要通过成本效益分析评估不同方案的风险水平，并制定相应的风险应对措施。

2.成本效益原则在税务合规管理中的应用

税务合规管理是企业税务管理的另一重要组成部分。通过加强税务合规管理，企业可以避免因税务违规而遭受的罚款、声誉损失等成本。成本效益原则在税务合规管理中的应用主要体现在以下方面：

（1）制度建设

企业需要建立健全的税务合规管理制度，明确各部门的职责和流程，确保税务合规管理的有效实施。通过成本效益分析，企业可以确定最优的制度建设方案，以最小的成本实现最大的合规效益。

（2）系统支持

企业可以利用信息技术手段，建立税务管理系统，实现税务数据的自动化采集、处理和分析，提高税务合规管理的效率和准确性。通过成本效益分析，企业可以选择性价比最高的系统解决方案。

3.成本效益原则在业务决策支持中的应用

业务与税务的融合可以帮助企业在制定业务决策时充分考虑税务因素的影响，从而降低税务成本，优化资源配置，提高运营效率。成本效益原则在业务决策支持中的应用主要体现在以下方面：

（1）产品定价

企业在制定产品价格时，需要考虑税收因素的影响。通过成本效益分析确定最优的产品定价策略，以实现利润最大化。

（2）供应链管理

企业在设计供应链时，需要考虑税收因素的影响。通过成本效益分析，企业可以选择最优的供应链设计方案，以降低整体税负。

（三）成本效益原则在业务与税务融合中的应用挑战

尽管成本效益原则在业务与税务融合中具有重要的应用价值，但其应用也面临一些挑战。这些挑战主要包括：

（1）如何准确量化非货币化的成本和收益。

（2）如何处理长期影响与短期利益之间的权衡问题。例如：

①研发投入的税收规划。尽管研发费用加计扣除能短期节税，但需评估研发项目的市场回报率，避免“为抵税而研发”，即无效成本支出。

②选择税收洼地。在低税率地区注册实体可能降低税负，但需综合考虑当地基础设施、人才供给及监管成本。还要考虑税收洼地优惠政策自身的合法性和可持续性。

③并购中的税务架构。收购亏损企业可抵减未来利润，但需评估目标公司隐性负债（如环保处罚、历史欠税）可能带来的长期成本。

（3）不同利益相关者对成本和收益的评估可能存在差异，这样就增加了决策的复杂性。

因此，企业在应用成本效益原则时，需要综合考虑各种因素，以确保决策的科学性和合理性。

五、业务与税务的融合策略

业务与税务融合过程中，必须时刻贯彻企业税务管理的三大目标及四项基本原则，具体策略归纳如下：

（一）投资活动的税务筹划

企业税务管理的主要目标之一就是税务筹划，即纳税行为发生前，在保证符合法律、法规的基础上，通过对纳税主体的投资和经营活动等涉税事项进行事先优化布置，达到少缴或者迟延缴税的目的。企业在进行投资活动时，应充分考虑不同地区和行业的税收优惠政策，通过选择具有税收优势的地点或行业进行投资，以降低整体税务负担。例如，企业的组织形式和注册地点对其税务负担有重大影响。在选择组织形式时，可以考虑成立子公司或分公司，这需要根据业务需求和税收政策进行合理选择。子公司具有独立的法人资格，可以享受当地的税收优惠政策；而分公司则可以与总公司合并纳税，便于统一管理和筹划。在注册地点方面，可以选择经济特区、海南自贸区等税收优惠幅度大的地区，享受更大程度的税收优惠。

此外，企业还可以通过选择合适的投资方式和工具，优化投资结构，降低税务成本。例如，企业可以通过选择免税或低税的投资工具，如国债、地方政府债券等，减少税务支出。再如，企业可以用直接投资代替间接投资，向居民企业进行投资。

（二）经营活动的税务筹划

1.优化业务流程，确保税务合规

在经营活动方面，企业可以通过合理地分配成本和选择收入确认时间来优化税务支出。例如，在合同签订、款项收付等方面，要严格遵守税法规定，确保所有交易都有合法的凭证支持。又如，支付给劳务派遣公司的费用必须取得开具的发票，才能在企业所得税前扣除。再如，通过加速折旧、研发费用加计扣除等方式，企业可以有效减少当期的应纳税所得额，从而降低税务成本。同时，企业还应合理安排薪酬结构，通过提供福利费等方式，在提高员工满意度的同时享受税收优惠，或在设计股权激励计划时，结合个税政策（如递延纳税、分期缴税）提升员工实际收益，降低企业薪酬成本。

2.优化供应链管理，减少税务支出，提高供应链效率

企业还可以通过优化供应链管理，减少不必要的税务支出，提高整体供应链的效率。例如，企业可以通过与供应商和客户协商，合理安排采购和销售计划，从业务的源头上合法安排收入与成本的确认时点，以最大限度地利用税收政策，降低税务成本。企业还可以结合税收优惠政策调整供应链布局或重构供应链。例如，在低税率地区设立采购中心或区域总部，利用区域性税收优惠（如海南自贸区的企业所得税优惠）降低整体税负。

3.促进企业经营模式转型

税务筹划可以促进企业经营模式的转型。例如，将高税负的固定资产（如厂房、设备）出租或共享模式运营，再租入租金相对较低的厂房、设备或办公楼，既增加了收入，又不会因为经营模式变化减少税前可扣除的折旧额，达到创收的目的。

（三）收益分配与税务筹划

在收益分配阶段，企业应考虑通过合理优化利润分配和资本结构来减少税务成本。例如：

1.资本结构优化

根据企业所得税法的规定，企业支付的符合规定的利息支出可以在计算应纳税所得额时全额扣除。这意味着，债务融资的利息支出会直接减少企业的应纳税所得额，从而降低应缴纳的企业所得税，达到降低企业所得税负担的目的。

从理论上讲，债务融资比例越高，利息抵税的绝对额越大，节税效果越明显。但是，过度增加债务比例会显著提升企业的财务风险，终将抵消甚至超过节税带来的好处。因此，企业通过增加债务融资比例以降低所得税负担时，必须综合考虑所得税税率、息税前利润率、财务风险承受能力等因素，在“节税收益”与“财务风险”之间找到平衡点，合理确定债务融资比例，避免因过度负债而损

害企业长期发展。

2. 利润分配优化

通过关联企业间合理的转让定价（如服务费、特许权使用费），将利润留存于低税率实体，同时符合“独立交易原则”以避免税务风险。

（四）利用现代科技手段，提升税务管理水平

随着信息技术的快速发展，企业可以利用现代科技手段提升税务管理水平。例如，部署ERP或税务管理系统，实现税务数据的自动化采集，分析和处理、自动生成增值税发票、所得税预缴数据，减少人工错误和人力成本；利用大数据和人工智能技术，进行税务风险评估和预警；利用历史税务数据预测未来税负，模拟不同业务场景（如并购、重组）下的税务成本，支持管理层决策。这些科技手段的应用不仅可以提高税务管理的效率和准确性，还可以为企业提供更加全面、深入的税务分析和决策支持。

综上，将业务与税务紧密融合在一起，需要企业在战略规划、业务流程、风险管理等多个方面进行综合考虑和筹划。通过做好税务规划、合理选择企业组织形式与注册地点、优化业务流程、加强税务风险管理以及利用现代科技手段等措施，企业可以实现经营更加顺畅、税务更加合规的目标，为企业的可持续发展奠定坚实的基础。

第三节　涉税违法犯罪的重灾区

我国刑法第三章第六节中（刑法第二百零一至二百一十二条）规定的危害税收征管罪包括了14项罪名，包括：逃税罪，抗税罪，逃避追缴欠税罪，骗取出口退税罪，虚开增值税专用发票或者虚开用于骗取出口退税、抵扣税款发票罪，虚开发票罪，伪造、出售伪造的增值税专用发票罪，非法出售增值税专用发票罪，非法购买增值税专用发票、购买伪造的增值税专用发票罪，非法制造、出售非法制造的用于骗取出口退税、抵扣税款发票罪，非法制造、出售非法制造的发票罪，非法出售用于骗取出口退税、抵扣税款发票罪，非法出售发票罪，持有伪造的发票罪。

2024年3月18日最高人民法院、最高人民检察院联合发布了《关于办理危害税收征管刑事案件适用法律若干问题的解释》，对涉税犯罪的定罪量刑标准作了新的调整。新规定于2024年3月20日起实施，对涉税案件的办理产生了较大影响。

一、税收违法犯罪的定义与范围

（一）税收违法犯罪的定义

税收违法犯罪是一个复杂且严峻的社会经济问题，其本质在于违反国家税收法规，对国家利益造成了损失，其行为应受到刑事处罚。税收犯罪涉及面广，影响深远，涵盖了偷税、抗税、逃避追缴欠税、骗取出口退税和虚开增值税专用发票等多种行为。这些行为不仅直接导致了国家税收收入的流失，还破坏了市场经济中的公平竞争环境，扰乱了正常的经济秩序。

（二）税收违法犯罪的范围

1.逃税罪

逃税罪，是指纳税人采取欺骗、隐瞒手段进行虚假纳税申报或者不申报，逃避缴纳税款，使国家税收受到侵害，数额较大的一种犯罪。逃税罪包括两种情形：一是纳税人逃避应缴纳税款达到一定数额，并且占应纳税额一定比例（数额+比例）；二是扣缴义务人不缴或者少缴已扣、已收税款达到一定数额（仅单一数额，无比例上的规定）。

2.抗税罪

抗税罪，是指纳税人、扣缴义务人故意违反税收法规，以暴力、威胁方法拒不缴纳税款的一种犯罪。这是危害税收征管罪中唯一不存在单位犯罪的罪名。

3.逃避追缴欠税罪

逃避追缴欠税罪，是指纳税人欠缴应纳税款，采取转移或者隐匿财产的手段，致使税务机关无法追缴欠缴的税款，且数额较大的一种犯罪。

4.骗取出口退税罪

骗取出口退税罪，是指以假报出口或者其他欺骗手段，骗取国家出口退税款，数额较大的一种犯罪。

5.虚开增值税专用发票或者虚开用于骗取出口退税、抵扣税款发票罪

虚开增值税专用发票或者虚开用于骗取出口退税、抵扣税款发票罪，是指违反发票管理法规，在没有真实交易的情况下，故意虚开增值税专用发票或者虚开用于骗取出口退税、抵扣税款的其他发票的一种犯罪。

6.虚开发票罪

虚开发票罪，是指为了牟取非法经济利益，违反国家发票管理规定，故意虚开增值税专用发票和用于骗取出口退税、抵扣税款发票以外的其他发票，情节严重的一种犯罪。

7.伪造、出售伪造的增值税专用发票罪

伪造、出售伪造的增值税专用发票罪，是指个人或单位以营利为目的，非法印制或者出售非法印制的增值税专用发票的一种犯罪。

8.非法出售增值税专用发票罪

非法出售增值税专用发票罪，是指无权出售增值税专用发票的单位或个人，违反国家发票管理法规，将增值税专用发票非法出售给他人的一种犯罪。

9.非法购买增值税专用发票、购买伪造的增值税专用发票罪

非法购买增值税专用发票、购买伪造的增值税专用发票罪，是指单位或个人通过非法方式购买增值税专用发票，或者明知是伪造的增值税专用发票而购买的一种犯罪。

10.非法制造、出售非法制造的用于骗取出口退税、抵扣税款发票罪

非法制造、出售非法制造的用于骗取出口退税、抵扣税款发票罪，是指单位或个人违反国家发票管理规定，伪造、擅自制造或者出售伪造、擅自制造的用于骗取出口退税、抵扣税款的其他发票的一种犯罪。

11.非法制造、出售非法制造的发票罪

非法制造、出售非法制造的发票罪，是指违反国家发票管理规定，伪造、擅自制造或者出售伪造、擅自制造的不具有骗取出口退税、抵扣税款功能的普通发票的一种犯罪。

12.非法出售用于骗取出口退税、抵扣税款发票罪

非法出售用于骗取出口退税、抵扣税款发票罪，是指违反国家发票管理规

定，非法出售经税务机关监制的具有骗取出口退税、抵扣税款功能的非增值税专用发票，用于骗取出口退税、抵扣税款的一种犯罪。

13.非法出售发票罪

非法出售发票罪，是指违反国家发票管理规定，非法出售税务机关监制的增值税专用发票、用于骗取出口退税、抵扣税款的其他发票以外的发票的一种犯罪。

14.持有伪造的发票罪

持有伪造的发票罪，是指违反国家发票管理规定，明知是伪造的发票而持有，数量较大，依法应受刑法处罚的一种犯罪。

二、近年税收违法犯罪概况

（一）税收违法犯罪的主要类型

近年来，我国税收违法犯罪的主要类型包括逃税、骗取出口退税、抗税、逃避追缴欠税和虚开增值税专用发票等。这些行为在多个行业中广泛存在，尤其是那些资金流转快、利润空间大的行业，如房地产、建筑、金融和电子商务等。

这些行为不仅严重损害了国家的税收收入，也破坏了市场经济的公平竞争环境，使得守法经营的企业在市场竞争中处于不利地位。因此，打击税收违法犯罪行为不仅是维护国家经济利益的需要，也是维护市场经济秩序和公平竞争环境的需要。

（二）税收违法犯罪的发展趋势

近年来，随着税务机关监管技术的提升和法律法规的完善，部分传统的税收违法犯罪行为得到了有效遏制。然而，新的税收违法犯罪手段不断出现，特别是利用互联网和电子商务平台的犯罪活动显著增加。犯罪分子利用网络的匿名性和跨地域性，使得税收违法犯罪行为更加隐蔽和复杂。

例如，在电子商务领域，犯罪分子通过虚构交易、虚假宣传、篡改交易数据等手段，逃避税收监管。这些行为不仅难以被发现，而且调查取证难度大，给税务机关的监管带来了新的挑战。此外，随着经济全球化的深入，跨国税收违法犯罪行为也逐渐增多，如跨国逃避税、跨国骗税等。这些行为不仅涉及多个国家和地区，而且涉及复杂的国际税收法规，给打击和预防税收违法犯罪带来了更大的难度。

从发展趋势来看，未来税收违法犯罪行为将更加智能化、隐蔽化和国际化。犯罪分子将更多地利用高科技手段，如大数据、人工智能等，进行税收违法犯罪活动。同时，随着经济全球化的深入，跨国税收违法犯罪行为将更加频繁，给税务机关的监管带来更大的挑战。因此，税务机关需要不断提升监管技术，加强国际合作，以应对未来税收违法犯罪行为的新挑战。

三、税收违法犯罪的重点行业和主要手段

（一）税收违法犯罪的重点行业

在分析税收违法犯罪的重灾区时，我们可以发现某些行业由于其特殊的经营模式或高利润特性，更容易出现税收违法犯罪行为。这些行业通常包括但不限于房地产、建筑、金融和电子商务等。

1.房地产行业

房地产行业由于其资金密集型的特点，涉及的税种多，税负较重，因此成为税收违法犯罪的高发区。常见的违法行为包括虚开发票、隐瞒销售收入、转移利润等。房地产企业通过虚开建筑材料发票、隐瞒房屋销售合同等方式，逃避缴纳或延迟缴纳增值税、土地增值税、企业所得税等。

2.建筑行业

建筑行业涉及大量的工程承包和材料采购，资金流动量大，且存在层层转包、挂靠经营等现象，导致税收管理难度较大。一些企业通过虚开增值税专用发票、虚开其他发票、订立阴阳工程合同、隐瞒工程收入等方式偷逃税款。

3.金融行业

金融行业，尤其是私募股权基金等项目，通常具有高收入和低成本的特点，这导致了高利润。高利润带来了巨大的企业所得税压力，部分企业想方设法通过非法手段逃避税收。

金融行业的业务模式复杂，涉及大量的交易和资金流动。例如，金融机构的跨境业务和资产管理活动容易隐藏利息收入和利用离岸架构避税。

此外，金融创新产品的税收处理也可能存在不合规的情况。例如，金融企业

在享受税收优惠政策时，未能严格按照规定审核贷款对象的资格，导致不符合条件的贷款也享受了税收优惠，从而少缴了税款；金融企业在收到预收款项时，未能及时确认收入，导致税务机关在检查中发现，企业需要补缴税款并缴纳滞纳金；部分金融企业将购入交易性金融资产发生的交易费用计入当期损益并在企业所得税前扣除，而根据税法规定，企业在对外投资期间，投资资产的成本在计算应纳税所得额时不得扣除，这可能导致企业被要求补缴税款并缴纳滞纳金。

4.直播电商行业

随着互联网经济的蓬勃发展，电子商务行业迅速崛起，发展得如火如荼。然而，由于网络交易具有虚拟性、隐蔽性和跨地域性，税收监管难度很大。部分电商经营者利用平台监管漏洞，进行虚假申报、隐瞒收入、篡改交易数据等违法行为逃避税款。一些网红、明星通过在税收洼地注册个人工作室以降低税负，而部分人甚至以“阴阳合同”的方式逃避税款。对于在税收洼地设立工作室而言，存在关联交易、核定征收条件不符等风险；而对于“阴阳合同”，则明显属于隐匿收入、恶意偷逃税款。

5.医疗美容行业

近年来，医疗美容行业市场需求旺盛，发展迅速。这类企业的经营特点：一是收入以现金、个人微信或支付宝转账为主要方式；二是客户为个人，没有发票需求，企业也不会主动提供发票，而是以收据替代；三是经营成本不容易核算，支出的场地租赁费、手术费、药品耗材成本难以查证。这导致了部分医疗机构通过隐瞒收入、虚列成本等手段逃避纳税。类似医疗美容行业这种情况的，还有非学历性教育、培训、出国留学、房屋中介等服务行业。

6.资源能源行业

资源能源行业如煤炭、石油、天然气等，属于高利润行业，但也存在税收监管难度大的问题。一些企业通过虚假交易、隐瞒产量等方式偷逃税款。

7.农产品、废旧物资行业

农产品行业中，农业生产者销售自产农产品免征增值税，同时，农产品收购企业可以凭借农产品销售发票、自行开具农产品收购发票来抵扣增值税。但是农产品收购发票只能在企业向从事农业生产的自然人收购时开具，并且在很多地区仅限于在本县（市、区）范围内使用。因此，实务中出现了两种具有涉税风险的业务模式：第一，收购企业并不直接从农户手中购入农产品，而是由个别大户从大量的农户手中收购农产品，整合销售至收购企业，收购企业凭借大户提供的农户信息等证明材料自行开具农产品收购发票用于抵扣。第二种是收购企业在外省市收购农产品时，通过本省市从事农业生产的自然人或单位信息申请开具农产品收购发票用于抵扣。这两类业务中，税务机关通常以票货分离、不合农产品收购发票开具和抵扣规则为由追究收购企业虚开用于抵扣税款发票的法律责任。

在废旧物资行业，废旧物资的来源除了少数来自大型有资质的生产企业以外，大多来自社会生活废品，废旧物资经营者难以取得进项发票，源头发票问题长期无法解决，行业税负率居高不下。源头无票问题导致了废旧物资行业通过挂靠、代开发票等方式取得进项发票进行抵扣，导致货物流、发票流、资金流三流不一致的情况出现，从而引起税务机关的稽查，存在被认定为虚开增值税专用发票的风险。

8.大宗商品贸易行业

大宗商品贸易，如煤炭贸易、钢铁贸易，最容易被利用的是通过虚构交易快速做大营业收入（俗称“流水”），这种纸面上的货物买卖被认定为融资贸易，存在被认定为虚开发票的风险。发生此种情形的原因，一是由于部分企业在银行融资困难，因而选择从大型企业进行融资，以买卖货物的形式掩盖融资交易实质，在此种情况下开具的发票存在被定性为虚开的风险；二是由于部分企业需要做大流水，从银行获取贷款，从而通过关系运作，切入到原有的真实交易中，成为了名义上的中间商，这种交易没有货物流，也没有独立交易情况下的利润空间，同样存在被定性为虚开的风险。

（二）常见违法犯罪手段

在这些重灾区行业中，常见的税收违法犯罪手段包括虚开发票、隐瞒收入、虚假申报、逃避税和骗税等。这些手段往往利用行业特点和监管漏洞，以达到逃避纳税义务的目的。

1.虚开发票类犯罪——涉税犯罪的“头号重灾区”

（1）虚开增值税专用发票或者虚开用于骗取出口退税、抵扣税款的其他发票

虚构交易、虚开增值税专用发票或者其他发票用于抵扣税款或骗取出口退税。典型的场景有空壳公司“暴力虚开”、利用农产品收购发票虚抵税款、“票货分离”式虚开（如黄金、煤炭等大宗商品交易）。

（2）虚开普通发票

开具或接受与实际交易不符的发票，以虚增成本或减少销售收入，从而达到少缴税款或者套取资金（如员工薪酬逃税、股东分红逃税）的目的。例如医药企业通过虚构“医药咨询”“市场服务”等业务，虚开发票套现用于支付医生回扣。

（3）涉及罪名

① 虚开增值税专用发票或者虚开用于骗取出口退税、抵扣税款发票罪（刑法第二百零五条）：最高可判无期徒刑。

② 虚开发票罪（刑法第二百零五条之一）：虚开普通发票，情节严重者处2~7年有期徒刑。

2.偷逃税款类犯罪——企业及高收入人群“高发区”

（1）高发情形

① 隐匿收入。通过私人账户、现金交易或境外账户收款不申报收入（如电商、直播行业未纳入对公账户的收入）。

② 虚假成本列支。虚增成本费用（如购买虚开发票、虚构人员工资转移利润）。

③ 滥用税收优惠政策。伪造资质骗取税收优惠（如通过提供虚假材料取得高新技术企业认定、软件企业资质）。

④ 签订“阴阳合同”等形式隐匿收入。如某明星偷逃税案，通过“阴阳合同”隐匿片酬收入，被追缴税款、滞纳金及罚款超亿元，相关经纪人涉嫌逃税罪被移送司法。

⑤ 以他人名义分解收入、财产，从而减少或逃避缴纳税款。

（2）涉及罪名

① 逃税罪：首次被查处可补缴免刑，五年内两次以上则追究刑事责任，最

高7年有期徒刑。

② 走私普通货物、物品罪：跨境逃税可能构成走私罪，最高可判无期徒刑。

3.骗取出口退税类犯罪——跨境贸易中的“高危领域”

（1）虚假出口

伪造出口报关单、海运提单等单证，虚构出口业务骗取退税。尤其是以“买单配票”的形式虚假出口。通过选择价值较低、容易以高价报关的货物，如服装、小商品，甚至是没有实际货物的空单，伪造供应商开具虚假的增值税专用发票。在将货物申报为高价值商品虚报出口金额后，向税务机关提交虚假的出口报关单、增值税发票、销售合同、收汇凭证等文件，声称货物已出口且外汇收入已到账，提出退税申请。

骗取的退税款由参与各方分成，通过层层转账、虚假公司账户或现金方式将违法所得洗白。

（2）涉及罪名

骗取出口退税罪：最高可判无期徒刑，并处骗取税款1~5倍罚金或没收财产。

4.个人所得税类犯罪——高净值人群“风险点”

（1）高发情形

① 拆分收入逃避个税。将个人收入分散至多个主体（如工作室、亲属账户），适用低税率逃避税款。如某网络主播偷税案，通过设立多个个人独资企业虚构业务转换收入性质，少缴个税超6 000多万元，被处以巨额罚款。

② 股权转让避税。通过“阴阳合同”低报交易价格，或利用税收洼地违规核定征收。

③ 虚假申报专项附加扣除。伪造子女教育、住房贷款等证明骗取个税扣除。

（2）涉及罪名

逃税罪：个人逃税数额巨大且拒不补缴的，将会面临刑事责任。

（三）涉税违法犯罪手段的特征

1.技术化

利用数字货币、跨境支付等新技术手段逃避监管。

2.链条化

形成“虚开–洗钱–骗税”黑灰产业链。

3.行业集中

商贸、医药、电商、影视、房地产等行业风险突出。

四、主要涉税违法犯罪行为解析

（一）逃税罪

逃税罪是税收违法犯罪中的核心罪名之一，其行为本质是通过欺骗、隐瞒等手段逃避纳税义务。根据《中华人民共和国刑法》第二百零一条及相关司法解释，以下从行为构成要件和典型手段两方面进行解析。

1.逃税罪的法定构成要件

（1）主体要件

纳税人：依法负有纳税义务的单位或个人，包括企业、个体工商户、自然人等。

扣缴义务人：代扣代缴税款的单位或个人，如企业为员工代扣个税，企业为国外个人代扣增值税、个税等。

（2）主观要件

只能由故意构成，明知应缴纳税款而故意逃避，过失（如计算错误）不构成本罪。

（3）客观方面

采取欺骗、隐瞒手段进行虚假纳税申报或者不申报，不缴或者少缴税款的行为。具体包括：

①纳税人采取欺骗、隐瞒的手段的情形。

a.伪造、变造、转移、隐匿、擅自销毁账簿、记账凭证或者其他涉税资料的；

b.以签订“阴阳合同”等形式隐匿或者以他人名义分解收入、财产的；

c.虚列支出、虚抵进项税额或者虚报专项附加扣除的；

d.提供虚假材料，骗取税收优惠的；

e.编造虚假计税依据的；

f.为不缴、少缴税款而采取的其他欺骗、隐瞒手段。

②不进行申报纳税的情况。

a.依法在登记机关办理设立登记的纳税人，发生应税行为而不申报纳税的；

b.依法不需要在登记机关办理设立登记或者未依法办理设立登记的纳税人，发生应税行为，经税务机关依法通知其申报而不申报纳税的；

c.其他明知应当依法申报纳税而不申报纳税的。

③应予以立案追诉的情形。

a.逃避缴纳税款数额在十万元以上并且占各税种应纳税总额百分之十以上，经税务机关依法下达追缴通知后，仍不补缴应纳税款、不缴纳滞纳金或者不接受行政处罚的。(纳税人+数额+比例)

b.纳税人五年内因逃避税款受过刑事处罚或者被税务机关给予二次以上行政处罚，又逃避缴纳税款，数额在十万元以上并且占各种应纳税总额百分之十以上的。(纳税人+数额+比例)

c.扣缴义务人采取欺骗、隐瞒手段，不缴或者少缴已扣、已收税款，数额在十万元以上的。(扣缴义务人+数额)

(4) 逃税罪的处罚

《刑法》第二百零一条规定，纳税人采取欺骗、隐瞒手段进行虚假纳税申报或者不申报，逃避缴纳税款数额较大并且占应纳税额百分之十以上的，处三年以下有期徒刑或者拘役，并处罚金；数额巨大并且占应纳税额百分之三十以上的，处三年以上七年以下有期徒刑，并处罚金。

扣缴义务人采取前款所列手段，不缴或者少缴已扣、已收税款，数额较大的，依照前款的规定处罚。

对多次实施逃税行为，未经处理的，按照累计数额计算。

纳税人有刑法规定的逃避缴纳税款行为，在公安机关立案前，经税务机关依法下达追缴通知后，在规定的期限或者批准延缓、分期缴纳的期限内足额补缴应纳税款和滞纳金，并全部履行税务机关作出的行政处罚决定的，不予追究刑事责任。但是五年内因逃避税款受过刑事处罚或者被税务机关给予二次以上行政处罚的除外。

纳税人有逃避缴纳税款行为，税务机关没有依法下达追缴通知的，依法不予追究刑事责任。

2.逃税罪的典型行为模式

（1）隐匿收入类

① 私户收款。通过个人微信、支付宝、境外账户收取经营款项，未计入对公账户。

② 账外经营，也称“体外循环”。通过设立内外两套账的方式，仅向税务机关申报外账数据。如餐饮企业现金收入不入账。

③ 利用数字货币。通过比特币等加密货币交易逃避资金流监管。

（2）虚增成本类

① 购买虚开的发票。从黑市购买农产品、运输费等发票虚抵税款。

② 虚构人员工资。虚列“幽灵员工”名单，套取资金并虚增成本。例如建筑公司虚列农民工工资支出，少缴企业所得税。

③ 关联交易转移利润。通过高价采购关联公司的货物或服务，转移利润至低税率地区。

（3）滥用政策类

① 伪造材料，骗取资质。如虚构研发费用、高新技术产品（服务）收入骗取高新技术企业证书，享受税收优惠；软件企业伪造虚假软件著作权，骗取增值税即征即退优惠。

② 违规核定征收。在税收洼地注册空壳企业，将收入虚假拆分至税收洼地，适用核定政策，享受低税负。

（4）跨境避税类

① 转移定价。通过高报进口价格、低报出口价格，向境外关联企业转移利润。

② 利用离岸架构。在BVI、开曼群岛设立壳公司，虚构服务费、特许权使用费转移收入。如跨国企业通过向我国香港关联公司支付不合理佣金。

（二）抗税罪

抗税罪是税收犯罪中性质较为恶劣的罪名，其核心特征是使用暴力、威胁手段拒不履行纳税义务，不仅破坏税收秩序，还直接威胁税务人员的人身安全。抗税罪的特点是突发性强、后果不可逆和个人责任为主。多因征税争议激化引发，缺乏预谋但后果严重。一旦发生暴力冲突，即使补缴税款仍需承担刑责。实际控制人、直接实施者易被追责，而单位不构成本罪。这种行为虽然不如偷税罪普遍，但在某些地区和行业中仍时有发生。根据《中华人民共和国刑法》第二百零二条及相关司法解释，以下从行为构成要件、行为模式两方面进行解析。

1.抗税罪的法定构成要件

（1）主体要件

纳税人或扣缴义务人：直接负有纳税或代扣代缴义务的自然人，单位不构成本罪，但可追究直接责任人员的责任。

（2）主观要件

直接故意的行为：明知应当缴纳税款，故意以暴力、威胁方法抗拒缴纳。行为人没有采取暴力、威胁方法抗拒缴纳税款，而是寻找借口，软磨硬泡，拖欠税款的，不能以抗税罪论处。

（3）客观方面

下列四种情形属于“以暴力、威胁方法拒不缴纳税款”，应予以立案追诉的抗税犯罪行为：

① 造成税务工作人员轻微伤以下的；

② 以给税务工作人员及其亲友的生命、健康、财产等造成损害相威胁，抗拒缴纳税款的；

③ 聚众抗拒缴纳税款的；

④ 以其他暴力、威胁方法拒不缴纳税款的。

（4）抗税罪的处罚

《刑法》第二百零二条规定，以暴力、威胁方法拒不缴纳税款的，处三年以下有期徒刑或者拘役，并处拒缴税款一倍以上五倍以下罚金；情节严重的，处三年以上七年以下有期徒刑，并处拒缴税款一倍以上五倍以下罚金。

抗税罪不要求实际造成税款损失，只要暴力、威胁行为足以阻碍征税即可构罪。实施抗税行为致人重伤、死亡，符合刑法第二百三十四条（故意伤害罪）或者第二百三十二条（故意杀人罪）规定的，以故意伤害罪或者故意杀人罪定罪处罚。

2.抗税罪的典型行为模式

（1）直接暴力抗税

围攻税务稽查人员，抢夺或损毁征税设备（如税控盘、账册）。对税务人员实施殴打、推搡导致轻微伤或轻伤。如个体户因拒缴税款，持棍棒殴打税务人员致其骨折，被以抗税罪判处有期徒刑三年。

（2）威胁性抗税

扬言“敢来征税就烧了税务局”“杀你全家”等语言威胁，或者纠集社会人员堵截税务人员，阻挠进入经营场所检查。

（三）逃避追缴欠税罪

逃避追缴欠税罪是指纳税人欠缴应纳税款，采取转移或隐匿财产的手段，致使税务机关无法追缴欠税的行为。该罪名的核心在于通过财产处置行为阻碍国家税收债权的实现。根据《中华人民共和国刑法》第二百零三条及相关司法解释，以下从构成要件、行为模式两方面进行解析。

1.逃避追缴欠税罪的法定构成要件

（1）主体要件

仅限于欠缴税款且被税务机关责令限期缴纳的单位或个人。扣缴义务人不构成本罪主体。

（2）主观要件

直接故意：明知欠税且故意转移、隐匿财产以逃避追缴。

（3）客观方面

欠缴税款是本罪成立的前提。构成本罪必须具备四个条件：

①有欠税事实存在。

②行为人为了不缴纳欠缴的税款，实施了转移或者隐匿财产的行为。具有下列情形之一的，应当认定为“采取转移或者隐匿财产的手段”：

a.放弃到期债权的；

b.无偿转让财产的。例如将名下资产过户至他人（如亲属、关联公司）；

c.以明显不合理的价格进行交易的；

d.隐匿财产的。例如藏匿现金、贵金属，或通过虚假合同掩盖财产所有权；

e.不履行税收义务并脱离税务机关监管的；

f.以其他手段转移或者隐匿财产的。例如虚构债务转移资产。

③行为人转移或者隐匿财产的行为致使税务机关无法追缴到其欠缴的税款。

④税务机关无法追缴的欠缴税款数额必须在“一万元以上”。

（4）逃避追缴欠税罪的处罚

《刑法》第二百零三条规定，纳税人欠缴应纳税款，采取转移或者隐匿财产的手段，致使税务机关无法追缴欠缴的税款，数额在一万元以上不满十万元的，处三年以下有期徒刑或者拘役，并处或者单处欠缴税款一倍以上五倍以下罚金；数额在十万元以上的，处三年以上七年以下有期徒刑，并处欠缴税款一倍以上五倍以下罚金。

2.逃避追缴欠税罪的典型行为模式

（1）资产转移类

① 房产过户。将名下房产无偿或低价转移至亲属或关联方。

② 股权代持。通过代持协议将企业股权转移至他人名下，脱离实际控制。

③ 虚假债务。虚构借款合同，以“偿还债务”名义转移资金。

（2）财产隐匿类

① 现金藏匿。将现金存入他人账户或保险柜，脱离监管。

② 转移资产至境外。通过离岸账户、加密货币转移资金至境外。例如将公

司账户资金兑换成比特币转移至境外钱包，被认定为隐匿财产。

③ 虚假破产。通过虚假破产程序转移剩余财产，逃避追缴。

④ 利用复杂交易结构。通过多层股权架构、信托计划掩盖财产实际归属。

（四）骗取出口退税罪

骗取出口退税罪是指以虚构出口事实、伪造单证等手段，骗取国家出口退税款的行为。该罪直接侵害国家税收利益，是外贸领域的高发犯罪之一。根据《中华人民共和国刑法》第二百零四条及相关司法解释，以下从构成要件、行为模式两方面进行解析。

1.骗取出口退税罪的法定构成要件

（1）主体要件

一般主体：具有出口经营权的企业、其他单位或个人（包括无进出口资质的中间代理人）。

共犯认定：货代公司、报关行、地下钱庄等协助伪造单证、资金走账的主体可能构成共犯。

（2）主观要件

直接故意：明知无真实出口业务，仍以非法占有为目的假报出口或者其他欺骗手段，骗取国家出口退税款。

（3）客观方面

利用国家出口退税制度，以假报出口或者其他欺骗手段，骗取国家出口退税款，数额在十万元以上的行为。具有下列情形之一的，应当认定为“假报出口或者其他欺骗手段”：

① 使用虚开、非法购买或者以其他非法手段取得的增值税专用发票或者其他可以用于出口退税的发票申报出口退税的。

② 将未负税或者免税的出口业务申报为已税的出口业务的。

③ 冒用他人出口业务申报出口退税的。

④ 虽有出口，但虚构应退税出口业务的品名、数量、单价等要素，以虚增出口退税额申报出口退税的。

⑤ 伪造、签订虚假的销售合同，或者以伪造、变造等非法手段取得出口报送单、运输单等出口业务相关单据、凭证，虚构出口事实申报出口退税的。

⑥ 在货物出口后，又转入境内或者将境外同种货物转入境内循环进出口并申报出口退税的。

⑦ 虚报出口产品的功能、用途等，将不享受退税政策的产品申报为退税产品的。

⑧以其他欺骗手段骗取出口退税款的。

（4）骗取出口退税罪的处罚

《刑法》第二百零四条规定，以假报出口或者其他欺骗手段，骗取国家出口退税款，数额较大的（十万元以上），处五年以下有期徒刑或者拘役，并处骗取税款一倍以上五倍以下罚金；数额巨大（五十万元以上）或者有其他严重情节的，处五年以上十年以下有期徒刑，并处骗取税款一倍以上五倍以下罚金；数额特别巨大（五百万元以上）或者有其他特别严重情节的，处十年以上有期徒刑或者无期徒刑，并处骗取税款一倍以上五倍以下罚金或者没收财产。

纳税人缴纳税款后，采取前款规定的欺骗方法，骗取所缴纳的税款的，依照《刑法》第二百零一条的规定定罪处罚；骗取税款超过所缴纳的税款部分，依照前款的规定处罚。

2.骗取出口退税罪的典型行为模式

（1）虚构出口业务（“假出口”）

① “空箱出口”：集装箱内无实际货物或装载废料，虚报高价值商品。如外贸公司虚报出口手机配件，实际出口空箱，骗取退税。

② “循环出口”：同一批货物多次报关出口，重复申请退税。如货物出口至香港关联公司后再次回流。

（2）伪造单证链条（“配单配票”）

通过四流造假达到退税目的：货物流，伪造装箱单、提单，匹配虚假货权转移；资金流，通过地下钱庄伪造跨境收汇记录；发票流，虚开增值税专用发票，虚构货物采购环节；信息流，勾结报关行篡改海关出口数据，如犯罪团伙利用控制的报关行修改海关系统数据，虚增出口额，骗取退税款。

（3）利用监管漏洞

① “高报低出”：高报出口货物价格。如将单价十美元商品虚报为一百美元，放大退税额。

② “配货配票”：将不能退税的商品伪报为可退税商品。如将铝材、铜材制品伪报为高新技术产品。

（五）虚开增值税专用发票或者虚开用于骗取出口退税、抵扣税款发票罪

虚开增值税专用发票或者虚开用于骗取出口退税、抵扣税款发票罪是指为他人虚开、为自己虚开、让他人为自己虚开、介绍他人虚开增值税专用发票或者用于骗取出口退税、抵扣税款的其他发票的行为，是一种严重危害国家税收管理秩序和经济秩序的犯罪行为，其法律后果极其严重。虚开行为向来普遍，尤其是在某些高税负率的行业中。典型案例是通过虚开增值税专用发票，抵扣大量税款，逃避纳税义务的虚开增值税专用发票犯罪。根据《中华人民共和国刑法》第二百零五条及相关司法解释，以下从构成要件、行为模式两方面进行解析。

1.虚开增值税专用发票或者虚开用于骗取出口退税、抵扣税款发票罪的法定构成要件

（1）主体要件

本罪的主体既包括自然人，也包括单位。实践中，开票者、买票者和介绍者三类角色均可能成为本罪的主体。具有开票资格的企业（如增值税一般纳税人）更易成为犯罪主体。

（2）主观要件

在主观上是故意，包括直接故意和间接故意，一般具有牟取利益的目的。行为人因过失而误开、错开增值税专用发票或者其他发票的，不构成犯罪。

（3）客观方面

实施了虚开增值税专用发票或者用于骗取出口退税、抵扣税款的其他发票的行为。这里的“虚开”，指有为他人虚开、为自己虚开、让他人为自己虚开、介

绍他人虚开行为之一的情形。

（4）虚开增值税专用发票或者虚开用于骗取出口退税、抵扣税款发票罪的处罚

《刑法》第二百零五条规定，虚开增值税专用发票或者虚开用于骗取出口退税、抵扣税款的其他发票的，处三年以下有期徒刑或者拘役，并处二万元以上二十万元以下罚金；虚开的税款数额较大（五十万元以上）或者有其他严重情节的，处三年以上十年以下有期徒刑，并处五万元以上五十万元以下罚金；虚开的税款数额巨大（五百万元以上）或者有其他特别严重情节的，处十年以上有期徒刑或者无期徒刑，并处五万元以上五十万元以下罚金或者没收财产。

单位犯本条规定之罪的，对单位判处罚金，并对其直接负责的主管人员和其他直接责任人员，处三年以下有期徒刑或者拘役；虚开的税款数额较大或者有其他严重情节的，处三年以上十年以下有期徒刑；虚开的税款数额巨大或者有其他特别严重情节的，处十年以上有期徒刑或者无期徒刑。

2. 虚开增值税专用发票或者虚开用于骗取出口退税、抵扣税款发票罪的典型行为模式

（1）对开

开票方与受票方在无贸易背景的前提下，互相为对方虚开增值税发票。

（2）环开

在无交易背景的前提下，几家关联单位或个人串通，一个接一个，成环状虚开增值税发票。

（3）代开

开票方应第三方要求，按其指定的受票方名称、商品品种、数量、金额等虚开增值税发票。

（4）暴力虚开

注册大量空壳公司，短期内集中虚开后走逃注销。

（5）变票虚开

存在真实交易背景，但通过变更商品名称、数量或金额，将低税率发票变为

高税率发票。如将免税农产品发票变更为电子产品发票，多抵进项税。

（6）票货分离循环虚开

存在真实交易背景，但货物实际上未在中间层开票人中流转，仅凭虚假合同、资金流水循环开票，形成发票空转。

（六）虚开发票罪

虚开发票罪中的“发票”，一般指普通发票，是增值税专用发票和用于骗取出口退税、抵扣税款发票以外的其他发票。根据《中华人民共和国刑法》第二百零五条之一及相关司法解释，以下从构成要件、行为模式两方面进行解析。

1.虚开发票罪的法定构成要件

（1）主体要件

一般主体。任何单位和个人都可以构成虚开发票罪。

（2）主观要件

主观上是直接故意，即明知自己的行为违反法律规定，但仍然故意为之。行为人的目的可能是赚取手续费、逃税、掩盖非法经营、贪污贿赂等违法犯罪活动。

（3）客观方面

虚开发票行为主要表现为没有实际商品交易或劳务服务而开具发票，或者虽有交易但开具的数量、金额、品名等信息不实。包括四类情形：一是没有实际业务而为他人、为自己、让他人为自己、介绍他人开具发票；二是有实际业务，但为他人、为自己、让他人为自己、介绍他人开具与实际业务的货物品名、服务名称、货物数量、金额等不符的发票；三是非法篡改发票相关电子信息；四是违反规定的其他手段虚开。

（4）虚开发票罪的处罚

《刑法》第二百零五条之一规定，虚开增值税专用发票和用于骗取出口退税、抵扣税款发票以外的其他发票，情节严重的，处二年以下有期徒刑、拘役或者管制，并处罚金；情节特别严重的，处二年以上七年以下有期徒刑，并处罚金。

单位犯前款罪的，对单位判处罚金，并对其直接负责的主管人员和其他直接责任人员，依照前款的规定处罚。

2.虚开发票罪的典型行为模式

（1）无中生有

这是最典型的虚开发票行为之一，即在没有真实商品交易或服务提供的情况下，开具虚假的发票。如企业并未购买任何货物，却收到他人开具的货物销售发票，以此虚增成本、减少利润，从而逃避缴纳企业所得税。

（2）虚假品名、虚列数量与金额

虽然存在真实的交易，但开具的发票内容与实际交易不符。例如，企业销售的是日常办公用品，但发票上却开具的是高价值设备，借此来夸大成本或满足客户的不正当需求。

（3）虚假关系

这种情况下，发票的开具方和接收方之间并没有真实的交易关系。例如，A公司将货物销售给B公司，但发票却开具给C公司，这种“三角开票”行为严重扰乱了税收管理秩序。

（4）“大头小尾”式开票

这是一种比较隐蔽的手法，开票方在发票的存根联和记账联上填写较小的金额，而在收票方的发票联上填写较大金额。通过这种方式，开票方可以减少自身的应纳税额，而收票方则可以多列支成本费用。随着电子发票的推广使用，“大头小尾”式开票会越来越少。

（5）对开

这是指两个或多个企业之间互相为对方虚开发票，以达到增加成本、减少利润、逃避税款的目的。这种模式下，各方表面上都有真实的交易，但实际上是虚构业务。

五、税收违法犯罪的原因

自改革开放以来，我国的经济体制经历了深刻的变革。在这一过程中，税收制度作为国家宏观调控的重要工具，也在不断地调整和完善。然而，随着市场经济的快速发展，税收违法犯罪问题也日益突出，成为影响国家财政收入和市场经济秩序的重要因素。

近十年来，随着我国经济的持续快速增长，税收违法犯罪案件不仅在数量上呈上升趋势，而且在手段和形式上也日趋复杂多样。税收违法犯罪不仅涉及传统的偷税、抗税等行为，还出现了骗取出口退税、虚开增值税专用发票等新的犯罪形式。这些行为不仅严重损害了国家的税收收入，也破坏了市场经济的公平竞争环境，影响了经济的健康发展。

揭示税收违法犯罪问题背后的深层次原因，可以让财务人员更好地了解其发展趋势和规律，从而采取更加科学和有效的防范措施，主动预防和遏制税收违法犯罪行为的发生。

（一）市场经济的负效应

市场经济的快速发展在带来经济繁荣的同时，也诱发了税收违法犯罪行为的增加。在市场经济体制下，企业追求利润最大化的动力使得部分企业采取非法手段减少税负，从而获得不正当的竞争优势。市场经济的负效应主要表现为以下几个方面：

1.利益驱动

在市场经济条件下，企业追求利润最大化的动力使得部分企业不惜采取虚开发票、隐瞒收入等手段，逃避纳税义务。

2.竞争压力

市场竞争激烈，企业为了在竞争中生存和发展，往往采取各种手段降低成本。税收作为企业的重要成本之一，成为部分企业逃避的对象。尤其是在一些利润空间大、竞争激烈的行业，如房地产、建筑、金融等，税收违法犯罪行为更为普遍。

3.信息不对称

市场经济条件下，信息不对称现象普遍存在。企业掌握更多的经营信息，而税务机关难以全面获取企业的真实经营情况，这就给企业提供了逃避纳税义务的机会。某些企业通过隐瞒交易信息、篡改账簿记录等手段，逃避税务机关的监管。

（二）税收制度不够完善

我国的税收制度虽然在不断改革和完善中，但仍存在一些缺陷和不足，这些问题为税收违法犯罪提供了可乘之机。税收制度的不完善主要表现为以下几个方面：

1. 税制设计不合理

某些税种的税率设计过高或税负不平衡，增加了企业的税负压力，促使部分企业采取非法手段逃避纳税义务。例如，增值税的税率较高，增加了企业的税负压力，使得部分企业通过虚开发票等手段，逃避纳税义务。

2. 税收优惠政策不完善

某些税收优惠政策存在漏洞，享受政策的条件不够科学，容易被企业利用。

（三）税收执法不够严格

税收执法力度不足是税收违法犯罪行为屡禁不止的重要原因之一。在实际操作中，部分税务机关和执法人员存在执法不严、徇私舞弊等问题，导致税收违法犯罪行为难以得到有效打击。税收执法不严主要表现为以下几个方面：

1. 执法力度不足

某些税务机关对税收违法犯罪行为的查处力度不足，难以起到有效的威慑作用，导致违法者心存侥幸，继续进行违法行为。

2. 徇私舞弊

部分税务执法人员存在徇私舞弊、滥用职权等问题，导致税收法律的执行难以到位。

（四）社会环境对涉税犯罪的影响

社会文化环境对税收违法犯罪行为也有重要影响。在一些地区和企业中，逃税被视为一种“常态”或“潜规则”，缺乏对税法的尊重和遵守。社会环境的影响主要表现为以下几个方面：

1. 社会风气

一些行业的从业者认为逃税是正常现象，不逃税将无法与竞争对手竞争，企业将无法生存。劣币驱逐良币的现象，导致税收违法犯罪行为普遍存在。

2. 企业诚信缺失

部分企业缺乏诚信意识，一切向钱看齐，为了追求利润最大化，采取各种非法手段逃避纳税义务。

3. 税法意识淡薄

部分公众对税法了解不足，缺乏依法纳税的意识，导致不纳税或者纳税行为不规范。

（五）司法机关打击力度薄弱

司法机关在打击税收犯罪方面的力量不足也是税收违法犯罪行为频发的重要原因之一。司法机关打击力度薄弱主要表现为以下几个方面：

1. 司法资源不足

某些地方司法机关的司法资源不足，难以全面打击税收违法犯罪行为。

2. 司法效率不高

某些地方司法机关的办案流程繁琐，司法效率低下，难以及时查处税收违法犯罪行为。

3. 司法独立性不足

某些地区司法机关的司法独立性不足，容易受到外界干扰，影响司法公正。例如，司法机关在办案过程中，容易受到地方政府、企业等外界干扰，影响司法公正。

六、财务人员应对税收违法犯罪的策略

在当前税收监管趋严、技术手段升级的背景下，企业财务人员作为税务风险防控的第一道防线，必须建立系统性合规策略，既要维护企业利益，又要防范职业风险。以下是财务人员应对税收违法犯罪的七大核心策略。

（一）筑牢合规意识防线

1.明确法律红线

在履职过程中，应对不法要求或指令，财务人员应贯彻“三不原则”，即：

（1）不参与

拒绝管理层提出的虚开发票、阴阳合同、隐匿收入、虚报出口骗取退税等要求。

（2）不签字

对存在违法风险的税务处理方案拒绝签字确认。

（3）不留痕

避免通过个人账户代收企业款项，切断与违法行为的直接关联。

2.持续学习，更新税收法律知识

（1）紧密跟踪税收新政策

关注诸如金税四期动态、电子发票改革、跨境税收规则等新规。

（2）熟悉本行业高发税务风险

例如医药行业CSO虚开发票：合同销售组织（Contract Sales Organization，CSO）在提供药品推广服务过程中，通过虚构业务或虚增收入的方式，开具与实际业务不符的发票，以达到偷逃税款或其他非法目的的行为。新三板挂牌公司百丰医药因虚开发票被曝光，公司多位高管因此被判刑。百丰医药否认虚开发票行为，但最终因涉嫌虚开发票罪被处罚。再如，服务行业严重的私户收款行为，已成为税务违法的温床。

（3）参加职业培训

例如定期参加税务合规课程，获取注册会计师（CPA）、税务师（CTA）等专业资质。

（二）构建税务健康检查机制

本章第一节已详细讨论了如何构建税务健康检查机制，此处择要述之。

1.业务全流程合规管理

（1）四流合一

确保合同、发票、资金、物流匹配，发生例外情形的，需按规定走流程处理。

（2）交易对象审查

通过“国家企业信用信息公示系统”等渠道核查供应商、客户的资质信息，避免与空壳公司交易。

（3）不相容岗位权限分离

例如，发票开具、付款申请需多级审批，禁止一人包办。

2.税务风险预警机制

税务风险预警机制作为一种有效工具，能够帮助企业及时识别、评估和应对潜在的税务问题。这一机制的核心在于通过技术手段和管理策略的结合，提前发现并处理税务风险，确保企业税务合规，避免不必要的法律纠纷和经济损失。

税务风险评估与分级是预警机制的关键环节。企业应成立专门的风险评估小组，通过小组讨论、访谈或调查问卷等形式，对识别出的税务风险进行评估，并根据风险的严重程度将其分为高、中、低三个等级。这种分级管理有助于企业集中资源，优先处理高风险事项，提高管理效率。

在制定风险应对策略方面，企业应遵循成本效益原则，确保应对措施的有效性和经济性。具体策略包括加强内部沟通与协作，优化业务流程，提升税务人员的专业能力，以及利用先进的信息技术进行数据处理和风险监控。例如，企业可以引入税务风险预警系统，通过大数据分析和人工智能技术，实现对税务风险的实时监控和自动预警。

以逃税罪为例，逃税罪的认定需同时满足“行为手段+结果数额+主观故意”三要素。财务人员应通过税务风险预警机制发现以下高危信号：税负率显著低于行业平均水平；公转私频繁且无合理商业理由；关联交易定价明显偏离市场价值。

必要时，建议通过全面税务健康检查、数字化风控系统及专业税务顾问介入，实现经营效率与法律安全的双重目标。

（三）应对税务稽查的策略

不同阶段，财务人员应有不同应对策略。

1.稽查前的准备阶段

（1）确保资料全部归档

按年度整理合同、发票、银行流水、物流单据，建立电子档案库。

（2）模拟稽查

聘请外部税务律师模拟稽查流程，排查潜在风险点，如关联交易定价、跨境支付等。

2.稽查中的应对阶段

（1）在财务人员力量薄弱，不能从容应对税务机关的稽查人员时，可以聘请专业团队介入，要求税务顾问或税务律师全程陪同，避免因表述不当被误读，造成麻烦。

（2）从证据链视角管理应对措施，例如对异常交易，如大额现金支付，准备书面说明并附上合乎逻辑的佐证材料。

3.稽查后的整改阶段

存在少缴税款且无争议的，应主动补缴税款争取不罚或少罚；存在争议且难以与稽查人员达成一致意见的，可以在稽查结论出具后，15日内申请行政复议或行政诉讼，这个流程可以全权委托税务律师办理。

切不可无理狡辩，更不能情绪失控。即使确实认为己方占理，对征税决定有异议时，也应通过行政复议、行政诉讼等法定程序维权，切勿暴力对抗。若税务人员存在违法执法行为（如无证检查），应通过录音、录像固定证据，而非当场对抗。

（四）应对企业欠税的策略

若已发生欠税，优先与税务机关协商还款计划，避免采取极端财产处置措施。收到《限期缴纳税款通知书》后，可依法申请分期缴纳或提供纳税担保，避免直接转移资产。发生资产处置行为的，资产处置需保留合理商业理由，如正常经营中的资产出售，重大资产处置还需经股东会决议并留存书面记录。

财务人员还应建议管理层，将企业资产与个人资产严格分离，避免混同导致个人财产被追偿。

逃避追缴欠税罪的认定关键在于“欠税事实+财产转移或隐匿行为+因果关

系”。财务人员需注意税务机关下达限期缴纳通知之后，管理层是否做出了财产转移或隐匿的决定或行为，若有，应当劝止。可以建议管理层通过合法债务重组、资产透明化管理及专业税务法律咨询，化解欠税危机，避免刑事风险升级。劝止不成的，贯彻“三不原则”。

（五）化解管理层压力的沟通技巧

1.将风险以量化的形式呈现

财务人员可以通过成本对比法，向管理层展示“税务违法成本”与“税务合规成本”对比。如展示虚开发票行为带来的综合成本与合规前提下的实际成本的比较数据，说服管理层放弃税务违法的念头。同时，可以引用行业内同行们的处罚案例警醒管理层。

2.设计替代方案

财务人员有责任为企业设计合理合法的节税方案，促使管理层放弃税务违法行为。例如管理层想通过虚开发票套现给高管发工资，财务人员可以建议调整薪酬结构，以“工资薪金+股权激励+递延纳税”的方式形成替代方案；管理层想通过私户收款隐匿收入，财务人员可以建议拆分业务至小微企业；管理层想通过转移定价避税，财务人员可以建议向税务机关申请预约定价安排。

3.书面留痕自保

有些管理者不听劝阻，一意孤行。财务人员可以通过风险提示函（邮件或书面报告）的方式对管理层要求的风险操作，明确提示法律后果。

通过集体开会讨论通过的税收违法事项，财务人员应当要求会议纪要存档。在记录决策过程时，注明反对意见，如“本人建议合规处理，但最终按管理层决议执行”，并具名。

（六）技术工具赋能税务合规

1.采用数字化风控工具

（1）发票管理

区块链电子发票系统（如腾讯云区块链发票）可实现交易链不可篡改；OCR技术自动识别发票真伪与重复报销。

（2）资金监控

银行账户与财务系统直连，预警公转私、关联方异常资金往来。

2.大数据分析

（1）行业对标

通过“同行业税务数据模型”评估企业税负合理性。

（2）风险扫描

利用AI工具一键生成风险诊断报告。

（七）职业风险隔离策略

1.责任切割

（1）职责明晰，不逾矩

避免兼任法定代表人，尽量不代持股权。

（2）离职保护

离职时书面交接税务资料，注明遗留问题。

2.法律保障

（1）职业责任保险

财务人员可以根据岗位性质和企业现状，考虑投保财务人员职业责任险，覆盖诉讼费用与赔偿。

（2）向律师咨询

与律师交朋友，遇到税务风险等紧急情况，及时向律师咨询。

3.举报通道

当受到管理层施压，各种办法已无法调和关系的时候，财务人员可以举报，请第三方介入处理。

（1）内部举报

通过公司合规委员会、审计委员会等渠道反映问题。

（2）外部救济

向税务机关实名举报。实名举报受《税收违法行为检举管理办法》的保护。财务人员在多重压力下，应敢于检举揭发严重违反税收法律法规的行为。

第四章

证券领域法律风险防范

证券公司财务人员的核心职责主要有：一是确保会计基础工作规范，财务报表的编制符合《企业会计准则》和相关会计制度的规定，在所有重大方面公允地反映发行人的财务状况、经营成果和现金流量；二是参与设计和实施内部控制制度，以防止和发现财务舞弊和错报；三是与外部审计师和法律顾问合作，确保公司财务操作符合法律法规的要求。

在履行职责过程中，财务人员，尤其是财务总监，需要时刻遵循诚实守信、坚持准则、廉洁自律等核心职业道德规范，保持客观公正，不利用职务之便谋取不正当利益。如果财务人员参与编造虚假财务报表或隐瞒重要财务信息，可能面临行政处罚，或民事、刑事诉讼等后果。

作为公司财务人员，防范证券市场带来的法律风险，需要从合规意识、操作规范、风险隔离、法律保障四个层面建立系统化防线。

第一节　欺诈发行证券的法律风险及财务人员应对策略

在证券发行过程中，财务人员扮演着至关重要的角色，不仅负责确保财务信息披露的真实性、准确性和完整性，还负责实施和维护内部控制制度，确保公司会计操作和财务管理的合规性。这些职责的执行情况直接关系到证券发行的合法性和成功与否。但发行人欺诈发行证券的情形时有发生，财务人员在其中扮演了极为重要的角色。

一、欺诈发行证券的主要手段

欺诈发行证券是指发行人通过虚构事实、隐瞒真相、伪造材料等手段，骗取证券发行资格或误导投资者认购证券的行为。以下是实践中常见的为了实现发行证券之目的的欺诈手段：

（一）财务数据造假

（1）伪造销售合同、虚开发票、虚构客户或交易循环，达到虚增收入和利润的目的。

（2）通过少结转成本、合同中安排隐匿关联方借款、不披露对外担保信息等方法，隐瞒成本和负债。

（3）高估存货、固定资产或无形资产价值，如虚构非专有技术或夸大技术估值，提高资产整体价值。

（二）业务与经营数据造假

（1）编造不存在的核心技术或业务场景，如伪高科技、伪创新。通过这些编造的技术和业务场景，虚构商业模式，结合其他配套手法，制造数据泡沫。

（2）通过股权代持等手段掩盖实际控制关系，隐瞒利益输送，或者通过关联交易操纵利润，使关联交易非关联化。

（3）伪造客户或供应商，利用空壳公司虚构交易流水，虚增业务规模。

（三）信息披露欺诈

（1）隐瞒重大风险，包括但不限于未披露重大诉讼、行政处罚、核心资产权属瑕疵，如土地抵押。

（2）通过夸大市场份额、技术优势或政策支持的方式，虚假陈述行业地位。

（3）编造不切实际的盈利预测或市场前景，误导投资者。

（四）文件与程序造假

（1）伪造或与第三方合作伪造文件，如伪造政府批文、环评报告、专利证书等。

（2）贿赂或施压审计机构出具虚假报告，操纵审计意见。

（3）虚构股东大会决议、代签法律文件，在发行程序上造假。

二、欺诈发行证券的法律后果

（一）刑事责任

（1）《刑法》第一百六十条规定："【欺诈发行证券罪】在招股说明书、认股书、公司、企业债券募集办法等发行文件中隐瞒重要事实或者编造重大虚假内容，发行股票或者公司、企业债券、存托凭证或者国务院依法认定的其他证券，数额巨大、后果严重或者有其他严重情节的，处五年以下有期徒刑或者拘役，并处或者单处罚金；数额特别巨大、后果特别严重或者有其他特别严重情节的，处五年以上有期徒刑，并处罚金。

控股股东、实际控制人组织、指使实施前款行为的，处五年以下有期徒刑或者拘役，并处或者单处非法募集资金金额百分之二十以上一倍以下罚金；数额特别巨大、后果特别严重或者有其他特别严重情节的，处五年以上有期徒刑，并处非法募集资金金额百分之二十以上一倍以下罚金。

单位犯前两款罪的，对单位判处非法募集资金金额百分之二十以上一倍以下罚金，并对其直接负责的主管人员和其他直接责任人员，依照第一款的规定处罚。”

（2）最高人民检察院 公安部《关于公安机关管辖的刑事案件立案追诉标准的规定（二）》第五条规定：“【欺诈发行证券案（刑法第一百六十条）】在招股说明书、认股书、公司、企业债券募集办法等发行文件中隐瞒重要事实或者编造重大虚假内容，发行股票或者公司、企业债券、存托凭证或者国务院依法认定的其他证券，涉嫌下列情形之一的，应予立案追诉：

（一）非法募集资金金额在一千万元以上的；

（二）虚增或者虚减资产达到当期资产总额百分之三十以上的；

（三）虚增或者虚减营业收入达到当期营业收入总额百分之三十以上的；

（四）虚增或者虚减利润达到当期利润总额百分之三十以上的；

（五）隐瞒或者编造的重大诉讼、仲裁、担保、关联交易或者其他重大事项所涉及的数额或者连续十二个月的累计数额达到最近一期披露的净资产百分之五十以上的；

（六）造成投资者直接经济损失数额累计在一百万元以上的；

（七）为欺诈发行证券而伪造、变造国家机关公文、有效证明文件或者相关凭证、单据的；

（八）为欺诈发行证券向负有金融监督管理职责的单位或者人员行贿的；

（九）募集的资金全部或者主要用于违法犯罪活动的；

（十）其他后果严重或者有其他严重情节的情形。”

《刑法》第一百六十条欺诈发行证券罪提到的“直接负责的主管人员和其他

直接责任人员”，其中“直接负责的主管人员”应当同时符合直接责任条件和主管人员身份条件，而“其他直接责任人员”是指积极地直接实施单位犯罪行为并对单位犯罪起主要作用的单位成员。前者如董事长、总经理、董秘和财务总监，后者如积极参与犯罪的财务经理。

明知造假仍提供服务的会计师、律师等中介机构人员故意提供虚假证明文件，情节严重的，以提供虚假证明文件罪追究刑事责任。如果中介组织及其人员在履行职责过程中严重不负责任，出具的证明文件有重大失实，造成严重后果的，以出具证明文件重大失实罪依法追究刑事责任。

（二）行政责任

《证券法》第一百八十一条规定：“发行人在其公告的证券发行文件中隐瞒重要事实或者编造重大虚假内容，尚未发行证券的，处以二百万元以上二千万元以下的罚款；已经发行证券的，处以非法所募资金金额百分之十以上一倍以下的罚款。对直接负责的主管人员和其他直接责任人员，处以一百万元以上一千万元以下的罚款。

发行人的控股股东、实际控制人组织、指使从事前款违法行为的，没收违法所得，并处以违法所得百分之十以上一倍以下的罚款；没有违法所得或者违法所得不足二千万元的，处以二百万元以上二千万元以下的罚款。对直接负责的主管人员和其他直接责任人员，处以一百万元以上一千万元以下的罚款。”

（三）民事责任

欺诈发行证券的民事责任旨在保护投资者的合法权益，维护证券市场的正常秩序。通过追究欺诈发行证券责任主体的民事责任，可以使其承担相应的经济代价，从而起到震慑和预防欺诈发行证券行为的作用。欺诈发行证券的民事责任主要包括停止发行、退还资金和赔偿损失等。

1.停止发行与退还资金

一旦发现存在欺诈发行证券的行为，相关监管部门会责令停止发行证券，以防止进一步的欺诈行为对投资者造成损失。欺诈发行证券的公司需要退还所募集的资金及其利息，以保护投资者的合法权益。

2.赔偿损失

（1）民事赔偿责任优先原则

如果欺诈发行证券的行为构成犯罪，则需要承担民事赔偿责任和缴纳罚款、罚金。当其财产不足以同时支付时，应先承担民事赔偿责任。

（2）赔偿范围

投资者因欺诈发行行为而遭受的损失，包括但不限于投资差额损失、利息损失等，都可以向欺诈发行证券的责任主体请求赔偿。

3.责任主体

（1）发行人

作为证券发行的主体，应对其欺诈发行证券行为承担首要的民事责任。

（2）控股股东、实际控制人

若欺诈发行证券行为是由控股股东、实际控制人组织、指使实施的，则应与发行人一起承担连带的民事赔偿责任。

（3）其他责任人员

其他责任人员包括发行人的董事、监事、高级管理人员和其他直接责任人员，以及保荐人、承销的证券公司及其直接责任人员等。若他们未履行勤勉尽责义务，致使投资者遭受损失的，则应当承担相应的赔偿责任。

三、财务人员如何应对欺诈发行证券的法律风险

（一）事前防范：严守合规底线

财务人员应当拒绝参与造假。对管理层要求虚增利润、隐瞒负债等指令，书面提出异议并留存记录（如邮件、会议纪要）。避免在虚假文件上签字（如财报、招股说明书），必要时可向董事会、监事会或监管机构举报。

财务人员作为强化内控机制的首要推动者，应切实贯彻财务数据多级复核制度，尽可能加大管理层中某些势力的造假难度，勿使内控制度成为摆设。同时，财务人员可以要求关键决策（如收入确认政策、重大资产会计政策变更等）经独立董事或审计委员会审批。

（二）事中留痕：保护自身证据

1.完整记录工作过程

保留原始凭证，如合同、银行流水、财务调整痕迹和审批流程等，证明自身履职已尽责。对异常指令，如“调整报表至达标”的指令，要求书面确认，并抄送合规部门。

2.隔离敏感信息

避免直接接触造假环节，如不参与虚构交易的资金流转，限制系统权限仅覆盖自己的职责范围等。

（三）事后应对：主动切割风险

1.配合调查时自我保护

若公司被立案调查，则应立即整理履职证据，如异议记录、合规流程文件，必要时可以聘请律师陪同接受问询。面对质询，仅陈述客观事实，避免出现推测的说辞。

2.利用法律免责条款

若能证明已勤勉尽责，如履行复核义务、提出书面异议，则可依据《证券法》第八十五条主张免责。

（四）终极选择：职业声誉优先

1.辞职避险

若公司存在系统性造假且无法制止，则应立即辞职，远离违法漩涡，并保留所有证据，避免成为“替罪羊”。

2.举报途径

向证监会、交易所或公安机关举报，可适用《证券法》第一百七十六条举报人保护条款。

第二节　违反信息披露义务的法律风险及财务人员应对策略

违反信息披露义务，是指依法负有信息披露义务的公司、企业在证券发行和持续经营过程中，未按照法律法规要求披露重要信息。相较于欺诈发行证券，发行人集中在招股说明书、认股书等文件中隐瞒重要事实或编造虚假内容的财务造假手段而言，信息披露违规涉及的范围更广泛，如延迟披露、虚假陈述、隐瞒重大信息、违规担保等。

违反信息披露义务的法律后果涉及民事、行政和刑事责任。财务人员应积极面对法律风险，确保信息披露的真实、准确、完整和及时。

一、违反信息披露义务的主要手段

负有信息披露义务的公司、企业违反信息披露义务的核心是通过虚假记载、误导性陈述、重大遗漏或延迟披露等手段，隐瞒或歪曲真实经营状况。以下是实践中常见的违反信息披露义务的手段：

（一）虚构事实，虚假记载

（1）通过伪造合同、虚开发票、虚构交易对手等方式，虚增企业的营收规模，从而虚增收入和利润。

（2）通过高估存货、固定资产、无形资产等核心资产的账面价值。虚增资产价值。

（3）不确认满足确认条件的预计负债，或通过对冲、提前确认收益等方式少计应付账款、合同负债等方式，减少或隐瞒负债情况。

（二）模糊真相，误导性陈述

1.采取选择性披露的方式

只公开利好信息，隐瞒利空消息，如重大诉讼、核心客户流失、影响未来业绩的突发事件等，导致投资者无法获得全面的信息，从而作出错误的投资判断。

2.模糊关键用语

使用“行业领先”“技术突破”等模糊表述，夸大实际业务能力；使用“暂未”“不排除”“尽快”等词语，使投资者产生误解，影响其投资决策。

3.误导性预测

编造不切实际的盈利预测或市场前景，吸引投资者跟风。

（三）隐瞒真相，故意遗漏重大事项

（1）不披露或部分披露关联交易，隐瞒与控股股东、实际控制人的利益输送行为。

（2）不披露存在重大风险的事件，如重大诉讼、严重的行政处罚、核心资产被查封、主要客户违约等。

（3）不披露股权的实际持有情况，如实际控制人代持、股权发生质押等。

（四）延迟披露

（1）未在法定期限内发布年报、季报，找托词拖延披露报告的日期，掩盖财务恶化的现实。

（2）拖延重大事件的披露，如重大合同终止、高管被调查、突发环境事故等。以拖待变，待市场消化后再行披露。

（五）规避敏感信息

（1）将重大事项拆分，分段多次披露，寄望这种“犹抱琵琶半遮面”的方式弱化市场影响，如分阶段披露巨额亏损。

（2）利用非正式渠道透露敏感信息，如通过媒体采访、分析师会议等非公告渠道释放未公开的信息，这不但违反了信息披露规定，还存在操纵市场的可能性。

二、违反信息披露义务的法律后果

（一）刑事责任

（1）《刑法》第一百六十一条规定：“【违规披露、不披露重要信息罪】依法负有信息披露义务的公司、企业向股东和社会公众提供虚假的或者隐瞒重要事实的财务会计报告，或者对依法应当披露的其他重要信息不按照规定披露，严重损害股东或者其他人利益，或者有其他严重情节的，对其直接负责的主管人员和其他直接责任人员，处五年以下有期徒刑或者拘役，并处或者单处罚金；情节特别严重的，处五年以上十年以下有期徒刑，并处罚金。

前款规定的公司、企业的控股股东、实际控制人实施或者组织、指使实施前款行为的，或者隐瞒相关事项导致前款规定的情形发生的，依照前款的规定处罚。

犯前款罪的控股股东、实际控制人是单位的，对单位判处罚金，并对其直接负责的主管人员和其他直接责任人员，依照第一款的规定处罚。”

（2）最高人民检察院 公安部《关于公安机关管辖的刑事案件立案追诉标准的规定（二）》第六条规定：“【违规披露、不披露重要信息案（刑法第一百六十一条）】依法负有信息披露义务的公司、企业向股东和社会公众提供虚假的或者隐瞒重要事实的财务会计报告，或者对依法应当披露的其他重要信息不按照规定披露，涉嫌下列情形之一的，应予立案追诉：

（一）造成股东、债权人或者其他人直接经济损失数额累计在一百万元以上的；

（二）虚增或者虚减资产达到当期披露的资产总额百分之三十以上的；

（三）虚增或者虚减营业收入达到当期披露的营业收入总额百分之三十以上的；

（四）虚增或者虚减利润达到当期披露的利润总额百分之三十以上的；

（五）未按照规定披露的重大诉讼、仲裁、担保、关联交易或者其他重大事项所涉及的数额或者连续十二个月的累计数额达到最近一期披露的净资产百分之五十以上的；

（六）致使不符合发行条件的公司、企业骗取发行核准或者注册并且上市交易的；

（七）致使公司、企业发行的股票或者公司、企业债券、存托凭证或者国务院依法认定的其他证券被终止上市交易的；

（八）在公司财务会计报告中将亏损披露为盈利，或者将盈利披露为亏损的；

（九）多次提供虚假的或者隐瞒重要事实的财务会计报告，或者多次对依法应当披露的其他重要信息不按照规定披露的；

（十）其他严重损害股东、债权人或者其他人利益，或者有其他严重情节的情形。”

《刑法》第一百六十一条违规披露、不披露重要信息罪提到的“直接负责的主管人员和其他直接责任人员”，其中“直接负责的主管人员”应当同时符合直接责任条件和主管人员身份条件，而“其他直接责任人员”是指积极地直接实施单位犯罪行为并对单位犯罪起主要作用的单位成员。前者如董事长、总经理、董秘和财务总监，后者如积极参与犯罪的财务经理。

（二）行政责任

(1)《证券法》第一百九十七条规定：“信息披露义务人未按照本法规定报送有关报告或者履行信息披露义务的，责令改正，给予警告，并处以五十万元以上五百万元以下的罚款；对直接负责的主管人员和其他直接责任人员给予警告，并处以二十万元以上二百万元以下的罚款。发行人的控股股东、实际控制人组织、指使从事上述违法行为，或者隐瞒相关事项导致发生上述情形的，处以五十万元以上五百万元以下的罚款；对直接负责的主管人员和其他直接责任人员，处以二十万元以上二百万元以下的罚款。

信息披露义务人报送的报告或者披露的信息有虚假记载、误导性陈述或者重大遗漏的，责令改正，给予警告，并处以一百万元以上一千万元以下的罚款；对直接负责的主管人员和其他直接责任人员给予警告，并处以五十万元以上五百万元以下的罚款。发行人的控股股东、实际控制人组织、指使从事上述违法行为，或者隐瞒相关事项导致发生上述情形的，处以一百万元以上一千万元以下的罚款；对直接负责的主管人员和其他直接责任人员，处以五十万元以上五百万元以下的罚款。”

(2)《上市公司信息披露管理办法》第五十二条规定：“信息披露义务人及其董事、监事、高级管理人员违反本办法的，中国证监会为防范市场风险，维护市场秩序，可以采取以下监管措施：

（一）责令改正；

（二）监管谈话；

（三）出具警示函；

（四）责令公开说明；

（五）责令定期报告；

（六）责令暂停或者终止并购重组活动；

（七）依法可以采取的其他监管措施。”

（三）民事责任

违反信息披露义务的民事责任主要包括赔偿损失、支付违约金等。

1.赔偿责任

信息披露义务人未按照规定披露信息，或者所披露的信息有虚假记载、误导性陈述或者重大遗漏，致使投资者在证券交易中遭受损失的，应当承担赔偿责任。赔偿范围包括投资差额损失、佣金、印花税和利息等。

2.责任主体

依据《证券法》第八十五条的规定：“信息披露义务人未按照规定披露信息，或者公告的证券发行文件、定期报告、临时报告及其他信息披露资料存在虚假记载、误导性陈述或者重大遗漏，致使投资者在证券交易中遭受损失的，信息披露义务人应当承担赔偿责任；发行人的控股股东、实际控制人、董事、监事、高级管理人员和其他直接责任人员以及保荐人、承销的证券公司及其直接责任人员，应当与发行人承担连带赔偿责任，但是能够证明自己没有过错的除外。”

三、财务人员如何应对违反信息披露义务的法律风险

（一）事前防控：筑牢合规防线

（1）严格遵守会计准则，尤其是收入确认、资产减值等影响利润的关键环节，更应严格遵循《企业会计准则》，拒绝管理层“调节利润”的要求。

（2）对异常交易，如年末突击销售、关联方大额预付款等保持警惕，要求业务部门提供完整的证据链。对于证据明显缺失又没有适当理由的业务，应及时向管理层报告。

（3）参与信息披露流程，与法务、合规部门联合审查公告内容，确保财务数据与业务描述一致，避免“数据打架”。对模糊表述，如“显著增长”“行业领先”，要求补充量化依据（如市场份额的具体数值）。

（二）事中留痕：保留自证清白的证据

（1）书面记录决策过程。对存在争议的会计处理，如不符合资本化条件的研发费用资本化，通过邮件、会议表达自己的意见，并记录分歧意见，抄送合规部门。

（2）拒绝在虚假财报上签字，留存书面拒绝记录，如邮件声明“此报表存在虚增利润风险，本人无法确认”。

（3）隔离敏感操作。避免直接参与造假环节，如不协助伪造银行流水、不签署虚假合同。限制系统权限，仅开放与自己职责相关的数据访问权限，如成本会计不接触收入确认模块。

（三）事后应对：切割风险与自我保护

（1）配合调查时的策略。若公司被立案，则应立即整理履职证据，如上级复核记录、异议邮件、记录反对意见的会议纪要、合规审批流程等，必要时可以聘请专业律师。

（2）向监管机构说明自身角色，强调是“执行职务行为”而非“决策行为”，如按领导要求进行会计处理，但提出过反对意见，并保存了反对意见的证据。

（3）利用法律免责条款：若已勤勉尽责，如履行了财务复核义务，则可依据《证券法》第八十五条主张免责。

（四）终极选择：安全第一

当发现公司存在系统性造假且无法制止时，应向证监会、交易所实名举报（适用《证券法》第一百七十六条举报人保护条款），或者立即辞职，并书面说明离职原因，如“因公司要求违规披露信息，本人无法继续履职”，避免后续被牵连。

第三节 内幕交易的法律风险及财务人员应对策略

内幕交易是指利用未公开的重大信息（内幕信息）买卖证券，以及通过泄露信息获取不正当利益或规避损失的行为。内幕交易违反了证券市场“公开、公平、公正”的原则，侵犯了投资者的平等知情权和财产权益，严重影响了证券市场功能的发挥。同时，内幕交易使证券价格和指数的形成过程失去了时效性和客观性，它使证券价格和指数成为少数人利用内幕消息炒作的结果，而不是公众对公司业绩综合评价的结果，最终使证券市场丧失优化资源配置及作为国民经济晴雨表的作用。因此，法律明文规定禁止内幕交易。

一、内幕交易的主要手段

近年来，内幕交易案件频发，呈现出两大特点：一是利用上市公司并购重组事件进行内幕交易的案件明显增多；二是内幕信息知情人范围有扩大的趋势。常见的内幕交易手段包括：

（一）直接交易型

1.本人买卖证券

内幕信息知情人（如高管、财务人员）在重大信息（如并购重组、业绩暴增）公开前，直接买卖公司股票或相关衍生品。

2.通过关联账户操作

如通过配偶、亲友的证券账户进行交易，规避监管的视线。

（二）信息泄露型

1.主动泄露信息

将内幕信息告知亲友、合作伙伴，暗示其进行交易，如“最近公司有重大利好消息，可以买入”。

2.被动泄密

在非保密场合，如饭局、微信群等场合讨论敏感信息，导致未公开的重大信息外泄。

（三）间接获利型

1.明示或暗示他人交易

通过暗示性语言，如“这只股票肯定涨，我的身份你清楚，我建议买进准没错”，引导他人交易，事后分成收益。

2.利用他人代持的账户交易

借用多个明面上看起来没有任何关系的他人的证券账户分散交易，掩盖真实操作者身份，利用掌握的内幕消息交易获利。

（四）跨市场操纵型

1.关联品种套利

利用内幕信息同时或有所选择地操作股票、可转债、期权等多品种证券，放大收益。

2.配合市场操纵

与资金方合谋，通过内幕交易配合拉抬或打压股价，以低吸高抛的方式获利。

（五）规避损失型

在财务造假暴露、业绩爆雷、重大诉讼败诉等利空信息公开前，提前清仓避损。

二、内幕交易的法律后果

（一）刑事责任

（1）《刑法》第一百八十条规定：“【内幕交易、泄露内幕信息罪】证券、期货交易内幕信息的知情人员或者非法获取证券、期货交易内幕信息的人员，在涉及证券的发行，证券、期货交易或者其他对证券、期货交易价格有重大影响的信息尚未公开前，买入或者卖出该证券，或者从事与该内幕信息有关的期货交易，或者泄露该信息，或者明示、暗示他人从事上述交易活动，情节严重的，处五年以下有期徒刑或者拘役，并处或者单处违法所得一倍以上五倍以下罚金；情节特别严重的，处五年以上十年以下有期徒刑，并处违法所得一倍以上五倍以下罚金。

单位犯前款罪的，对单位判处罚金，并对其直接负责的主管人员和其他直接责任人员，处五年以下有期徒刑或者拘役。

内幕信息、知情人员的范围，依照法律、行政法规的规定确定。”

（2）最高人民检察院 公安部《关于公安机关管辖的刑事案件立案追诉标准的规定（二）》第三十条规定：“【内幕交易、泄露内幕信息案（刑法第一百八十条第一款）】证券、期货交易内幕信息的知情人员、单位或者非法获取证券、期货交易内幕信息的人员、单位，在涉及证券的发行，证券、期货交易或者其他对证券、期货交易价格有重大影响的信息尚未公开前，买入或者卖出该证券，或者从事与该内幕信息有关的期货交易，或者泄露该信息，或者明示、暗示他人从事上述交易活动，涉嫌下列情形之一的，应予立案追诉：

（一）获利或者避免损失数额在五十万元以上的；

（二）证券交易成交额在二百万元以上的；

（三）期货交易占用保证金数额在一百万元以上的；

（四）二年内三次以上实施内幕交易、泄露内幕信息行为的；

（五）明示、暗示三人以上从事与内幕信息相关的证券、期货交易活动的；

（六）具有其他严重情节的。

内幕交易获利或者避免损失数额在二十五万元以上，或者证券交易成交额在一百万元以上，或者期货交易占用保证金数额在五十万元以上，同时涉嫌下列情形之一的，应予立案追诉：

（一）证券法规定的证券交易内幕信息的知情人实施或者与他人共同实施内幕交易行为的；

（二）以出售或者变相出售内幕信息等方式，明示、暗示他人从事与该内幕信息相关的交易活动的；

（三）因证券、期货犯罪行为受过刑事追究的；

（四）二年内因证券、期货违法行为受过行政处罚的；

（五）造成其他严重后果的。”

（二）行政责任

《证券法》第一百九十一条规定：“证券交易内幕信息的知情人或者非法获取内幕信息的人违反本法第五十三条的规定从事内幕交易的，责令依法处理非法持有的证券，没收违法所得，并处以违法所得一倍以上十倍以下的罚款；没有违法所得或者违法所得不足五十万元的，处以五十万元以上五百万元以下的罚款。单位从事内幕交易的，还应当对直接负责的主管人员和其他直接责任人员给予警告，并处以二十万元以上二百万元以下的罚款。国务院证券监督管理机构工作人员从事内幕交易的，从重处罚。”

（三）民事责任

内幕交易的民事责任主要包括因内幕交易行为导致投资者损失的，投资者有权依据《证券法》等相关民事法律向内幕交易者提起民事诉讼，要求赔偿损失。

1.赔偿范围

赔偿范围通常包括受害投资者的实际损失以及合理的预期利益损失。具体赔偿数额需要根据受害者的损失情况、内幕交易者的获利情况和市场情况等进行综合考虑。

2 连带责任

泄露信息者与交易者均为内幕交易的参与人，应承担连带赔偿责任。

三、财务人员如何应对内幕交易的法律风险

（一）严守信息隔离红线

1.界定内幕信息范围

财务人员需要明确知晓财务数据，如未公开的财报、重大合同、并购重组计划、股权变动等均属内幕信息。

2.做好物理隔离措施

对敏感资料加密存储，限制系统访问权限，如仅财务总监、特定岗位会计可以接触合并报表数据。使用专用设备处理和传递内幕信息，禁止通过微信、邮件等非保密渠道传递。

（二）交易行为自律

财务总监应自觉遵守交易规则，在禁止交易期不交易，如业绩预告和业绩快报公告前10日内、自可能对公司股票及其衍生品种价格产生较大影响的重大事件发生或者进入决策程序之日起至依法披露后2个交易日内、上市公司定期报告公告前30日内等情形，并向公司申报本人及亲属证券账户，接受实时监控。直系亲属需要交易的，提前向合规部门报备。

（三）拒绝参与与留痕自保

1.抵制违规指令

若被要求提供数据配合内幕交易，则应书面提出异议并抄送合规部门，如邮件声明“此操作涉嫌内幕交易，拒绝执行”。

2.完整保留证据

记录内幕信息知悉时间、传递路径及拒绝参与的书面证据。

（四）主动参加合规培训与举报

（1）参与内幕交易案例解读、合规操作流程的培训，更新法律认知。

（2）发现可疑行为，如高管频繁询问未公开财务数据，可以通过公司内部合规通道报告有关人员的可疑行为。

（五）危机应对预案

1.配合调查

若被卷入调查，则应立即整理履职证据，如系统操作日志、合规审批记录等，必要时聘请专业律师。

2.切割责任

强调自身接触内幕信息是出于正常履职的需要，接触过程合法合规，未参与内幕交易的决策和执行。若有违规记录，则应当及时提供。

（六）终极避险选择

若公司存在系统性内幕交易且无法制止，则应立即离职并书面说明原因，如“无法接受违规交易操作”，避免被认定为共犯。

财务人员因接触核心财务数据，极易成为内幕交易风险的高危群体。通过以上六点内容，可以总结出财务人员应对内幕交易风险的“四不”原则，即“不知情”，通过权限隔离避免被动知悉内幕信息；“不交易”，严格自律及亲属账户监控；“不配合”，对违规指令书面拒绝并留痕；“不留情”，发现线索立即举报，坚守职业底线。

内幕交易的法律风险极高，财务人员只有以“零容忍”的态度构建合规防火墙，才能守护个人职业生涯安全。

第四节　操纵市场的法律风险及财务人员应对策略

操纵证券市场行为，是指单位或者个人以谋取不正当利益或者转嫁风险为目的，违反证券市场的“公开、公平、公正”原则，背离市场自由竞价和供求关系原则，利用其资金、信息等优势或者滥用职权影响证券市场价格或交易量，制造证券市场假象，诱导或致使投资者在不了解事实真相的情况下作出证券买卖的决定，扰乱证券市场秩序的行为。

对财务人员来说，可能在不知情的情况下被卷入操纵行为，如制作虚假财务数据，或者在知情的情况下被迫参与。因此，财务人员的应对策略包括识别可疑指令、保留证据、拒绝参与和举报机制等。

一、操纵市场的主要手段

操纵证券市场的手段花样繁多，包括但不限于连续交易操纵、约定交易操纵、洗售（对倒）操纵和散布虚假信息等。这些手段通常具有高度的专业性和隐蔽性，使得监管机构难以发现和证明。常见的操纵市场手段有：

（一）资金型操纵

1.连续交易操纵

行为人为使证券价格达到其设定位置，自行或以他人名义通过大额资金对该证券进行连续的高价买进或低价卖出，制造交易活跃假象，诱导其他投资者的行为。例如，行为人连续多个交易日进行大量买入操作，制造证券需求旺盛的假象，从而推高证券价格，并在价格达到一定高度后卖出获利。

2.约定交易操纵

约定交易操纵，又称对敲、串通买卖或合谋买卖，是指行为人与他人串通，由一方作出交易委托，在约定时间、价格相互交易。这种行为产生了虚假的交易量，误导市场参与者对证券供求关系的判断。

3.洗售操纵

洗售操纵，又称对倒操纵，是指同一行为人以影响某一证券的交易价格为目的，在证券市场上实施的实质上不转移证券所有权的证券买卖行为。具体操作上，同一投资人分别在两家证券商开户，并同时分别委托这两家证券商依一定价格做相反方向的买和卖，以撮合成交，目的在于创造交易记录，而其所持有的证券种类和数量并没有发生增减。这种行为产生了交易活跃的假象，误导其他投资者对证券价格的判断。

（二）信息型操纵

1.编造传播虚假信息

行为人散布虚假的并购、业绩预增、政策利好等消息，诱导投资者跟风交易，自己在高位抛售手中股票，让被诱导者“在高山上站岗放哨”。

2.“抢帽子”交易

行为人基于自身的特别身份，通过给出预测、评价或提出投资建议等方式，影响他人的证券投资行为，从而间接影响证券价格。常见于“股评家”操纵。行为人先买入股票，再通过媒体、研报荐股，利用发布“盘后票”信息高位抛售获利，或先影响证券价格，然后反向交易获利。

3. 利用信息优势操纵

上市公司配合机构发布利好消息，掩护大股东减持或定增套现。

（三）技术型操纵

1. 高频交易操纵

不以成交为目的，频繁或者大量申报买入、卖出证券并撤销申报。通常是利用算法快速挂单撤单，制造市场繁荣的假象。

2. 跨市场操纵

同时操纵股票、期货、期权等多个市场，放大收益，如在拉升股价的同时，做多股指期货。

（四）以市值管理的名义操纵

1. 伪市值管理

上市公司以“维护股价”为名，与外部资金合谋操纵本公司股票，如通过签订“抽屉协议”约定收益分成。

2. 配合减持操纵

上市公司的大股东在减持前释放利好拉高股价，或通过大宗交易将股份低价转让给关联方后再拉高出货。

二、操纵市场的法律后果

（一）刑事责任

（1）《刑法》第一百八十二条规定：“【操纵证券、期货市场罪】有下列情形之一，操纵证券、期货市场，影响证券、期货交易价格或者证券、期货交易量，情节严重的，处五年以下有期徒刑或者拘役，并处或者单处罚金；情节特别严重的，处五年以上十年以下有期徒刑，并处罚金：

（一）单独或者合谋，集中资金优势、持股或者持仓优势或者利用信息优势联合或者连续买卖的；

（二）与他人串通，以事先约定的时间、价格和方式相互进行证券、期货交易的；

（三）在自己实际控制的帐户之间进行证券交易，或者以自己为交易对象，自买自卖期货合约的；

（四）不以成交为目的，频繁或者大量申报买入、卖出证券、期货合约并撤销申报的；

（五）利用虚假或者不确定的重大信息，诱导投资者进行证券、期货交易的；

（六）对证券、证券发行人、期货交易标的公开作出评价、预测或者投资建议，同时进行反向证券交易或者相关期货交易的；

（七）以其他方法操纵证券、期货市场的。

单位犯前款罪的，对单位判处罚金，并对其直接负责的主管人员和其他直接责任人员，依照前款的规定处罚。”

（2）最高人民检察院 公安部《关于公安机关管辖的刑事案件立案追诉标准的规定（二）》第三十四条规定：“【操纵证券、期货市场案（刑法第一百八十二条）】操纵证券、期货市场，影响证券、期货交易价格或者证券、期货交易量，涉嫌下列情形之一的，应予立案追诉：

（一）持有或者实际控制证券的流通股份数量达到该证券的实际流通股份总量百分之十以上，实施刑法第一百八十二条第一款第一项操纵证券市场行为，连续十个交易日的累计成交量达到同期该证券总成交量百分之二十以上的；

（二）实施刑法第一百八十二条第一款第二项、第三项操纵证券市场行为，连续十个交易日的累计成交量达到同期该证券总成交量百分之二十以上的；

（三）利用虚假或者不确定的重大信息，诱导投资者进行证券交易，行为人进行相关证券交易的成交额在一千万元以上的；

（四）对证券、证券发行人公开作出评价、预测或者投资建议，同时进行反向证券交易，证券交易成交额在一千万元以上的；

（五）通过策划、实施资产收购或者重组、投资新业务、股权转让、上市公司收购等虚假重大事项，误导投资者作出投资决策，并进行相关交易或者谋取相关利益，证券交易成交额在一千万元以上的；

（六）通过控制发行人、上市公司信息的生成或者控制信息披露的内容、时点、节奏，误导投资者作出投资决策，并进行相关交易或者谋取相关利益，证券交易成交额在一千万元以上的；

（七）实施刑法第一百八十二条第一款第一项操纵期货市场行为，实际控制的帐户合并持仓连续十个交易日的最高值超过期货交易所限仓标准的二倍，累计成交量达到同期该期货合约总成交量百分之二十以上，且期货交易占用保证金数额在五百万元以上的；

（八）通过囤积现货，影响特定期货品种市场行情，并进行相关期货交易，实际控制的帐户合并持仓连续十个交易日的最高值超过期货交易所限仓标准的二倍，累计成交量达到同期该期货合约总成交量百分之二十以上，且期货交易占用保证金数额在五百万元以上的；

（九）实施刑法第一百八十二条第一款第二项、第三项操纵期货市场行为，实际控制的帐户连续十个交易日的累计成交量达到同期该期货合约总成交量百分之二十以上，且期货交易占用保证金数额在五百万元以上的；

（十）利用虚假或者不确定的重大信息，诱导投资者进行期货交易，行为人进行相关期货交易，实际控制的帐户连续十个交易日的累计成交量达到同期该期货合约总成交量百分之二十以上，且期货交易占用保证金数额在五百万元以上的；

（十一）对期货交易标的公开作出评价、预测或者投资建议，同时进行相关期货交易，实际控制的帐户连续十个交易日的累计成交量达到同期该期货合约总成交量的百分之二十以上，且期货交易占用保证金数额在五百万元以上的；

（十二）不以成交为目的，频繁或者大量申报买入、卖出证券、期货合约并撤销申报，当日累计撤回申报量达到同期该证券、期货合约总申报量百分之五十以上，且证券撤回申报额在一千万元以上、撤回申报的期货合约占用保证金数额在五百万元以上的；

（十三）实施操纵证券、期货市场行为，获利或者避免损失数额在一百万元以上的。

操纵证券、期货市场，影响证券、期货交易价格或者证券、期货交易量，获利或者避免损失数额在五十万元以上，同时涉嫌下列情形之一的，应予立案追诉：

（一）发行人、上市公司及其董事、监事、高级管理人员、控股股东或者实际控制人实施操纵证券、期货市场行为的；

（二）收购人、重大资产重组的交易对方及其董事、监事、高级管理人员、控股股东或者实际控制人实施操纵证券、期货市场行为的；

（三）行为人明知操纵证券、期货市场行为被有关部门调查，仍继续实施的；

（四）因操纵证券、期货市场行为受过刑事追究的；

（五）二年内因操纵证券、期货市场行为受过行政处罚的；

（六）在市场出现重大异常波动等特定时段操纵证券、期货市场的；

（七）造成其他严重后果的。

对于在全国中小企业股份转让系统中实施操纵证券市场行为，社会危害性大，严重破坏公平公正的市场秩序的，比照本条的规定执行，但本条第一款第一项和第二项除外。”

（二）行政责任

《证券法》第一百九十二条规定：“违反本法第五十五条的规定，操纵证券市场的，责令依法处理其非法持有的证券，没收违法所得，并处以违法所得一倍以上十倍以下的罚款；没有违法所得或者违法所得不足一百万元的，处以一百万元以上一千万元以下的罚款。单位操纵证券市场的，还应当对直接负责的主管人员和其他直接责任人员给予警告，并处以五十万元以上五百万元以下的罚款。”

根据违规严重程度，《证券市场禁入规定》规定了3年至终身证券市场禁入措施。

（三）民事责任

《证券法》第五十五条规定：“禁止任何人以下列手段操纵证券市场，影响或者意图影响证券交易价格或者证券交易量：

（一）单独或者通过合谋，集中资金优势、持股优势或者利用信息优势联合或者连续买卖；

（二）与他人串通，以事先约定的时间、价格和方式相互进行证券交易；

（三）在自己实际控制的账户之间进行证券交易；

（四）不以成交为目的，频繁或者大量申报并撤销申报；

（五）利用虚假或者不确定的重大信息，诱导投资者进行证券交易；

（六）对证券、发行人公开作出评价、预测或者投资建议，并进行反向证券交易；

（七）利用在其他相关市场的活动操纵证券市场；

（八）操纵证券市场的其他手段。操纵证券市场行为给投资者造成损失的，应当依法承担赔偿责任。”

受损投资者可起诉操纵者索赔差价损失、佣金及利息。上市公司、中介机构参与合谋的，承担连带赔偿责任。

三、财务人员如何应对操纵市场的法律风险

（一）识别并拒绝参与操纵市场行为

1.警惕异常财务需求

（1）赤裸型指令

若管理层要求虚增收入、隐瞒负债以配合股价炒作，则需要书面拒绝并留存记录，如邮件声明“此操作涉嫌操纵市场，拒绝执行”。

（2）技术型指令

对突击调整会计政策或会计估计的上级指令，如突击变更收入确认方式，要求提供充分依据，并提交审计委员会审议。

2.拒绝配合底层数据造假

不参与编造虚假合同、伪造银行流水等操纵股价的底层数据造假。对异常资金流水，如大额关联方预付款，应保持警惕，要求业务部门提供真实交易背景

证明。

（二）建立内控防火墙

1.隔离敏感信息

限制核心财务数据访问权限，如合并报表数据仅限必要人员，避免泄露给其他部门人员或外部操盘方。对市值管理合作方进行尽职调查，拒绝提供未公开财务信息。

2.规范资金管理

监控异常资金流动，如频繁向不明账户转账，发现可疑操作立即上报合规部门。拒绝执行无真实业务背景的融资、担保指令，如通过操作为操纵方提供资金支持。

（三）证据留存与自保

1.书面记录决策过程

对可疑指令，如"调整季度利润至目标值"，可通过邮件、会议纪要等形式提出质疑，并抄送内审部门。保留原始凭证（如真实合同、银行回单），与操纵所用虚假资料区分存档，以备检查。

2.系统操作留痕

使用财务系统时开启操作日志功能，记录数据修改的人员、时间和内容。对篡改数据的指令要求书面审批，并注明调整理由。

（四）主动合规与举报

1.参与合规培训

定期学习操纵市场的典型案例，如虚假财报配合拉抬股价，明确法律红线。

2.内部举报机制

当发现管理层与外部资金方有异常往来（如私下签订收益分成协议）时，可通过内部合规渠道举报或直接向证监会举报。举报人可适用《证券法》第一百七十六条，举报人信息受法律保护，避免受到打击报复。

（五）危机应对策略

1.配合调查时的自我保护

若公司被立案调查，则应立即整理未参与操纵的证据（如反对记录、系统日志），必要时聘请专业律师。向监管机构说明财务数据的真实性，切割与操纵行为的关联，如“仅按指令记账，未参与决策”。

2.利用免责条款

若已勤勉尽责，如履行了复核义务、提出了书面异议等，则可主张不承担行政或刑事责任。

（六）终极避险选择

1.离职免责

若公司存在系统性操纵且无法制止，则应立即辞职并书面声明“因公司要求参与违规操作，无法继续履职”，避免被认定为共犯。

2.法律救济

若因拒绝操纵行为遭受解雇，则可依据《中华人民共和国劳动合同法》（以下简称《劳动合同法》）起诉公司违法解除劳动合同，要求赔偿。

财务人员在操纵市场风险中的核心角色是“数据守门人”。有些操纵市场行为往往依赖虚假财务数据支撑。财务人员在面对操纵市场的风险时，要坚持不造假、不配合，职业底线高于短期利益，唯有严守合规，才能避免沦为操纵市场的工具人。

第五节　背信损害上市公司利益的法律风险及财务人员应对策略

背信损害上市公司利益的行为，是指上市公司的董事、监事、高级管理人员违背对公司的忠实义务，利用职务便利，通过不正当手段损害公司利益的行为。这种行为不仅侵害了公司和股东的合法权益，还扰乱了证券市场的管理秩序。财务总监作为高管，容易成为背信罪的实行犯。

一、背信损害上市公司利益的主要手段

董事、监事、高管或控股股东、实际控制人违背对公司的忠实义务，利用职务便利操纵上市公司，导致其利益受损的常见手段包括：

（一）资金侵占

1.直接挪用资金

将上市公司资金转入其他单位或个人账户，造成上市公司直接经济损失。

2.非经营性资金占用

打着“借款”“预付款”的名义长期将资金借给其他单位或者个人，造成上市公司直接经济损失。

（二）利益输送与关联交易舞弊

1.低价出售商品、服务或其他资产

将上市公司优质资产（如土地、专利）以明显低于市场价转让给其他单位或个人，包括关联方。

2.高价购进商品、服务或其他资产

以虚高价格收购其他单位或个人的商品、服务或其他资产，尤其是关联方的劣质资产，如购入明盈暗亏的企业、购入包装过的无效技术，掏空上市公司。

3.不公允的关联交易

通过关联方交易转移利润或成本，如向关联方低价采购、高价销售，造成上市公司直接经济损失。

（三）违规担保与债务转移

1.违规对外担保

未经合规程序为关联方或其他单位及个人的债务提供担保，导致公司承担代偿风险。

2.债务转嫁

将控股股东债务转移至上市公司，利用公司信用为其融资。

（四）滥用控制权掏空公司

1.分红套现

控股股东利用高比例分红政策，短期内套取上市公司现金流，使上市公司的正常经营受到威胁。

2.资产剥离

将核心业务剥离至关联方，导致上市公司丧失持续经营能力。

二、背信损害上市公司利益的法律后果

（一）刑事责任

（1）《刑法》第一百六十九条之一规定："【背信损害上市公司利益罪】上市公司的董事、监事、高级管理人员违背对公司的忠实义务，利用职务便利，操纵上市公司从事下列行为之一，致使上市公司利益遭受重大损失的，处三年以下有期徒刑或者拘役，并处或者单处罚金；致使上市公司利益遭受特别重大损失的，处三年以上七年以下有期徒刑，并处罚金：

（一）无偿向其他单位或者个人提供资金、商品、服务或者其他资产的；

（二）以明显不公平的条件，提供或者接受资金、商品、服务或者其他资产的；

（三）向明显不具有清偿能力的单位或者个人提供资金、商品、服务或者其他资产的；

（四）为明显不具有清偿能力的单位或者个人提供担保，或者无正当理由为其他单位或者个人提供担保的；

（五）无正当理由放弃债权、承担债务的；

（六）采用其他方式损害上市公司利益的。

上市公司的控股股东或者实际控制人，指使上市公司董事、监事、高级管理人员实施前款行为的，依照前款的规定处罚。

犯前款罪的上市公司的控股股东或者实际控制人是单位的，对单位判处罚金，并对其直接负责的主管人员和其他直接责任人员，依照第一款的规定处罚。"

（2）最高人民检察院 公安部《关于公安机关管辖的刑事案件立案追诉标准的规定（二）》第十三条规定：“【背信损害上市公司利益案（刑法第一百六十九条之一）】上市公司的董事、监事、高级管理人员违背对公司的忠实义务，利用职务便利，操纵上市公司从事损害上市公司利益的行为，以及上市公司的控股股东或者实际控制人，指使上市公司董事、监事、高级管理人员实施损害上市公司利益的行为，涉嫌下列情形之一的，应予立案追诉：

（一）无偿向其他单位或者个人提供资金、商品、服务或者其他资产，致使上市公司直接经济损失数额在一百五十万元以上的；

（二）以明显不公平的条件，提供或者接受资金、商品、服务或者其他资产，致使上市公司直接经济损失数额在一百五十万元以上的；

（三）向明显不具有清偿能力的单位或者个人提供资金、商品、服务或者其他资产，致使上市公司直接经济损失数额在一百五十万元以上的；

（四）为明显不具有清偿能力的单位或者个人提供担保，或者无正当理由为其他单位或者个人提供担保，致使上市公司直接经济损失数额在一百五十万元以上的；

（五）无正当理由放弃债权、承担债务，致使上市公司直接经济损失数额在一百五十万元以上的；

（六）致使公司、企业发行的股票或者公司、企业债券、存托凭证或者国务院依法认定的其他证券被终止上市交易的；

（七）其他致使上市公司利益遭受重大损失的情形。”

（二）民事责任

上市公司的董事、监事、高级管理人员，其对公司负有忠实义务和勤勉义务，若因违背这些义务导致公司利益受损，则应对公司承担赔偿责任。如果上市公司的控股股东或实际控制人指使公司高层实施了损害公司利益的行为，同样需要承担相应的民事责任。

1.民事责任的具体形式

（1）损害赔偿

行为人需要对上市公司遭受的损失进行赔偿。赔偿范围涵盖因违法行为导致的股价下跌、公司声誉受损等。

（2）返还财产

如果行为人通过违法行为获取了上市公司的财产，则需要返还这些财产及其产生的收益。

（3）停止侵害

如果违法行为仍在继续，则上市公司及其股东可以要求行为人立即停止侵害行为。

（4）支付违约金

在某些情况下，如果上市公司与行为人之间存在相关合同，且合同中约定了违约金条款，那么行为人需要支付违约金。

2.股东的权利救济

（1）直接诉讼

上市公司的控股股东可以依据《公司法》《证券法》的相关规定，直接向法院提起民事诉讼，要求行为人承担赔偿责任。

（2）派生诉讼

当上市公司怠于行使诉讼权利时，符合条件的股东可以为了上市公司的利益，以自己的名义向法院提起诉讼，要求行为人赔偿上市公司的损失。

（3）集体诉讼

当背信行为不仅导致上市公司遭受损失，还导致投资者遭受损失时，在涉及众多投资者利益的情况下，投资者可以通过集体诉讼的方式，维护自身合法权益。

三、财务人员如何应对背信损害上市公司利益的法律风险

（一）严守职业底线，拒绝参与违规行为

1.抵制资金挪用指令

若被要求将资金划转至非经营关联方，则应书面提出异议并抄送审计委员会，如邮件声明“此操作违反资金管理制度，拒绝执行”。拒绝配合伪造交易凭

证（如虚假合同、发票）掩盖资金流向。

2.规范关联交易审核

将关联交易定价与市场定价进行比较，必要时可以要求公司进行独立的第三方评估。

（二）强化内部控制与证据留存

1.完善审批流程

一些背信行为往往发生在内控失序，大股东、实际控制人以个人权威代替内控制度。在财务管理方面，推动建立大额资金支付、对外担保的多级审批制度显得尤其重要。对异常交易，如突击支付大额预付款，应要求业务部门提供完整的支撑文件。

2.系统留痕与档案管理

财务系统设置修改留痕功能，记录数据调整的人员、时间和理由。单独存档原始凭证，如真实银行流水，与违规操作所用虚假资料区分保管。

（三）主动监督与报告机制

（1）识别预警信号。关注资金流水异常情况，如频繁向其他单位或个人转账，尤其是频繁向关联方转账；关注同类商品下毛利率畸低或者成本率畸高的交易。

（2）定期核对银行对账单与账面余额，发现资金缺口立即上报。

（3）内部报告与外部举报。通过公司内部合规通道报告违规行为，若无效则向证监会、交易所实名举报（适用《证券法》第一百七十六条举报人保护条款）。

（四）危机应对与自我保护

（1）配合调查策略。若公司被立案，则应立即整理未参与背信行为的证据（如反对记录、真实账目），必要时聘请律师。

（2）向监管部门说明是“执行职务行为”，强调无主观故意，如“按指令记账但多次提出反对意见”。

（3）利用免责抗辩。若已履行勤勉义务（如完整保留异议记录、执行合规流程），则可主张不承担相关责任。

（五）终极避险选择

1.辞职免责

若公司存在系统性利益输送且无法制止，则应立即离职并书面声明“因拒绝参与损害公司利益行为而辞职”，避免后续被牵连。

2.法律救济

若因抵制违规行为遭解雇或污蔑，则可依据《劳动合同法》起诉公司，要求赔偿并恢复名誉。

第五章
与财务工作相关的经济领域常见法律风险防范

财务人员在日常工作中面临各种法律风险，尤其是在经济领域，这些风险对职业生涯和个人生活产生严重影响。前面章节陆续谈到了隐匿、故意销毁会计凭证、会计账簿、财务会计报告罪，非国家工作人员受贿罪/受贿罪，职务侵占罪/贪污罪，挪用资金罪/挪用公款罪，以及税务领域和证券领域的法律风险。这些内容在本章不再赘述。

本章主要讨论的是财务工作中遇到的其他法律风险，主要包括非法吸收公众存款罪、洗钱罪、骗取贷款罪等。

第一节 非法吸收公众存款的法律风险及财务人员应对策略

非法吸收公众存款是指未经金融监管部门批准，通过公开宣传，承诺还本付息，向社会不特定对象吸收资金的行为。非法吸收公众存款是一种严重的经济犯罪行为，其手段多样且极具欺骗性，不仅扰乱了金融秩序，还给广大投资者带来了巨大的经济损失。了解这些手段及其法律后果，对财务人员有效防范和应对相关风险至关重要。

一、非法吸收公众存款的主要手段

非法吸收公众存款（以下简称“非吸”）的常见违法手段有：

（一）虚构投资项目

1.虚假标的

编造虚假的理财项目，如“高收益养老地产”“新能源基金”，伪造合同、资质文件吸引投资者。

2.自融自保

通过设立空壳公司或关联企业，虚构借款需求，实际上将资金用于偿还旧债或挪作他用。

（二）高息诱惑与保本承诺

1.高息揽储

承诺远高于市场水平的年化收益率，如12%~30%，利用“复利”“返现”等噱头诱导投资者。

2.承诺保本保息

以背靠大树“零风险”“兜底回购”等宣传语消除投资者顾虑，掩盖资金池风险。

（三）伪装合法机构与模式

1.假借合规牌照

冒用银行、信托、私募基金等名义，伪造金融牌照或授权文件。

2.利用新型概念

以“区块链”“元宇宙”“数字藏品”等新兴概念包装非法集资项目。

（四）传销式推广

1.层级返佣

通过发展下线返利，如“推荐一人投资返5%佣金”，形成金字塔式资金链。

2.社群营销

借助微信群、直播平台等私域流量，以“导师带单”“财富自由案例”洗脑投资者，引诱投资者投入资金。

（五）资金池运作

这是非吸常规手段，通过资金池的运作，尽一切可能延长平台爆雷的时间。

1.期限错配

短期募集资金投入长期项目，借新还旧维持流动性，在一定时间内可以保持正常运转，但改变不了最终崩盘的结果。

2.资金混同管理

将不同项目资金混同使用，掩盖真实资金流向，营造平台欣欣向荣的假象迷惑投资者。

二、非法吸收公众存款的法律后果

（一）刑事责任

（1）《刑法》第一百七十六条规定：“【非法吸收公众存款罪】非法吸收公众

存款或者变相吸收公众存款，扰乱金融秩序的，处三年以下有期徒刑或者拘役，并处或者单处罚金；数额巨大或者有其他严重情节的，处三年以上十年以下有期徒刑，并处罚金；数额特别巨大或者有其他特别严重情节的，处十年以上有期徒刑，并处罚金。

单位犯前款罪的，对单位判处罚金，并对其直接负责的主管人员和其他直接责任人员，依照前款的规定处罚。

有前两款行为，在提起公诉前积极退赃退赔，减少损害结果发生的，可以从轻或者减轻处罚。”

（2）最高人民检察院 公安部《关于公安机关管辖的刑事案件立案追诉标准的规定（二）》第二十三条规定：“【非法吸收公众存款案（刑法第一百七十六条）】非法吸收公众存款或者变相吸收公众存款，扰乱金融秩序，涉嫌下列情形之一的，应予立案追诉：

（一）非法吸收或者变相吸收公众存款数额在一百万元以上的；

（二）非法吸收或者变相吸收公众存款对象一百五十人以上的；

（三）非法吸收或者变相吸收公众存款，给集资参与人造成直接经济损失数额在五十万元以上的。

非法吸收或者变相吸收公众存款数额在五十万元以上或者给集资参与人造成直接经济损失数额在二十五万元以上，同时涉嫌下列情形之一的，应予立案追诉：

（一）因非法集资受过刑事追究的；

（二）二年内因非法集资受过行政处罚的；

（三）造成恶劣社会影响或者其他严重后果的。”

（3）《最高人民法院关于修改〈最高人民法院关于审理非法集资刑事案件具体应用法律若干问题的解释〉的决定》（法释〔2022〕5号）第一条规定：“违反国家金融管理法律规定，向社会公众（包括单位和个人）吸收资金的行为，同时具备下列四个条件的，除刑法另有规定的以外，应当认定为刑法第一百七十六条规定的‘非法吸收公众存款或者变相吸收公众存款’：

（一）未经有关部门依法许可或者借用合法经营的形式吸收资金；

（二）通过网络、媒体、推介会、传单、手机信息等途径向社会公开宣传；

（三）承诺在一定期限内以货币、实物、股权等方式还本付息或者给付回报；

（四）向社会公众即社会不特定对象吸收资金。

未向社会公开宣传，在亲友或者单位内部针对特定对象吸收资金的，不属于非法吸收或者变相吸收公众存款。”

（4）非法吸收公众存款罪与集资诈骗罪的区别：

①两者的区别主要表现在犯罪的主观故意不同，非法吸收公众存款罪的行为人只是想临时占用投资人的资金，行为人承诺而且也有意图还本付息。而集资诈骗罪是行为人采用虚构事实、隐瞒真相的方法意图永久非法占有社会不特定公众的资金，具有非法占有的主观故意。

②从造成的后果来看，如果非法筹集的资金在案发前全部或者大部分没有归还，造成投资人重大经济损失，犯罪过程中行为人主观意图上已从临时占用向非法占有转变，则认定为集资诈骗罪的可能性更大。当升级为集资诈骗罪时，最高可判无期徒刑，如e租宝案的主犯、平台实际控制人丁宁以集资诈骗罪被判无期徒刑。如果非法筹集的资金在案发前全部或者大部分已经归还，一般认定为非法吸收公众存款罪。

（二）行政责任

《防范和处置非法集资条例》（国务院令第737号）第三十条规定：“对非法集资人，由处置非法集资牵头部门处集资金额20%以上1倍以下的罚款。非法集资人为单位的，还可以根据情节轻重责令停产停业，由有关机关依法吊销许可证、营业执照或者登记证书；对其法定代表人或者主要负责人、直接负责的主管人员和其他直接责任人员给予警告，处50万元以上500万元以下的罚款。构成犯罪的，依法追究刑事责任。”

《防范和处置非法集资条例》第三十一条规定：“对非法集资协助人，由处置非法集资牵头部门给予警告，处违法所得1倍以上3倍以下的罚款；构成犯罪的，依法追究刑事责任。”

《防范和处置非法集资条例》第三十二条规定："非法集资人、非法集资协助人不能同时履行所承担的清退集资资金和缴纳罚款义务时，先清退集资资金。"

同时，《防范和处置非法集资条例》还规定对相关责任人采取信用惩戒。

（三）民事责任

1.资金清退

案发后按比例返还投资者本金，未清退部分损失由投资者自行承担。

2.连带赔偿

若公司股东、高管、财务人员参与非法集资，则对投资者损失承担连带责任。

三、财务人员如何应对非法吸收公众存款的法律风险

（一）识别和拒绝参与非法操作

1.警惕异常资金流动

若发现公司资金账户频繁收到大量个人汇款，尤其是备注了"投资款"的汇款，并且资金流向了与业务无关的单位或个人，需要立即提出质疑。

2.拒绝协助造假并留存证据

为了粉饰业绩，公司会虚构业务向特定社会公众展示实力，此时财务人员对虚构合同、伪造银行流水等造假行为应当坚决拒绝，并留存书面异议记录，如邮件、会议纪要。

3.区分合法融资与非法集资

公司合法融资需要满足一定条件，如须经批准（如私募基金备案）、不承诺保本付息、面向特定的合格投资者。若公司以"员工跟投""内部福利"的名义要求财务人员参与集资，并要求向其周边的亲友推介集资项目，应擦亮双眼，注意甄别。

（二）强化合规流程与证据留存

1.规范账务处理

严格区分公司经营账户与集资账户，拒绝将集资款计入"应收账款""预收

账款”等科目混淆视听。对异常记账指令，如将个人投资款记为“借款”，应要求书面审批并注明依据。

2.系统与档案管理

财务系统设置操作日志功能，记录资金调拨、账目修改的完整痕迹。单独存档真实业务凭证，如真实的销售合同，与非法集资所用的虚假材料分开保管。

（三）主动监督与举报

1.建立预警机制

定期核对银行流水与账面记录，发现不明来源的大额资金流入立即上报。对“高息理财”“全员营销”等内部政策保持警惕，要求法务部门提供合规意见书。

2.举报路径

通过公司内部审计或合规部门举报，或者直接向地方金融监管局、公安机关报案（适用《防范和处置非法集资条例》第十六条举报奖励与保护条款）。

（四）危机应对与自我保护

1.配合调查策略

若公司被立案，则应立即整理未参与非法集资的证据（如反对记录、真实账目），必要时聘请专业律师。向办案机关说明自己的岗位职责边界，如“仅负责记账，未参与宣传或集资决策”。

2.利用免责抗辩

若已勤勉尽责，如多次提出合规质疑、拒绝执行造假指令，则可主张不构成共同犯罪。

（五）终极避险选择

1.辞职切割

当发现公司存在系统性非法集资且无法制止时，应立即离职，避免后续被牵连。

2.法律救济

若因拒绝参与非法操作而被解雇，则可依据《劳动合同法》起诉公司违法解除合同，要求赔偿。

第二节　洗钱的法律风险及财务人员应对策略

洗钱是指将犯罪行为所获得的违法收入，通过各种手段掩饰、隐瞒、转化，使其在形式上合法化的行为。洗钱是一种严重的经济犯罪行为，其手段多样且复杂，法律后果极其严重。了解这些手段和后果，对财务人员至关重要，使其在实际工作中有效应对所在单位洗钱的法律风险。

一、洗钱的主要手段

洗钱是通过一系列操作将非法所得（如贪污、逃税等资金）伪装成合法收入的过程。企业洗钱常借助复杂商业行为掩盖资金来源，其主要手段包括：

（一）虚构贸易背景

1.虚假交易合同

伪造购销合同、服务协议，虚增交易金额。通过虚构交易（如高价购买低价商品或服务）或者虚开发票将非法资金混入日常营收中，使非法资金在财务报表上显得合法。

2.循环交易

关联企业之间虚构闭环交易，如A公司→B公司→C公司→A公司，制造虚假资金流，掩盖真实资金来源。

（二）利用空壳公司或离岸架构

1.多层嵌套

设立境内没有实际业务活动的空壳公司或离岸公司（如BVI、开曼群岛公司），以“投资”“贸易”的名义跨境转移资金，通过这些复杂的公司网络转移资金，模糊资金链条，掩盖资金的真实来源和去向。

2.虚假股权交易

以虚高估值转让空壳公司股权，将非法资金伪装成股权转让收益。

（三）拆分资金与现金交易

1.结构化交易

将大额资金拆分为多笔小额交易，规避反洗钱监测，如单笔低于5万美元的跨境汇款。

2.现金混入经营

通过现金密集型行业，如餐饮、零售、居民服务行业，将非法现金混入日常营收中，再存入银行系统。

（四）滥用金融工具

利用特定金融工具。通过购买不记名债券、股票等金融工具，将非法资金合法化。

（五）数字货币与新兴技术

1.加密货币兑换

通过交易所将非法资金转换为比特币等加密货币，再转换为法币实现“清洗”。

2.虚拟资产交易

利用NFT、元宇宙资产等新型载体转移价值，逃避传统监管。

二、洗钱的法律后果

（一）刑法规定

《刑法》第一百九十一条规定：“【洗钱罪】为掩饰、隐瞒毒品犯罪、黑社会性质的组织犯罪、恐怖活动犯罪、走私犯罪、贪污贿赂犯罪、破坏金融管理秩序犯罪、金融诈骗犯罪的所得及其产生的收益的来源和性质，有下列行为之一的，没收实施以上犯罪的所得及其产生的收益，处五年以下有期徒刑或者拘役，并处或者单处罚金；情节严重的，处五年以上十年以下有期徒刑，并处罚金：

（一）提供资金帐户的；

（二）将财产转换为现金、金融票据、有价证券的；

（三）通过转账或者其他支付结算方式转移资金的；

（四）跨境转移资产的；

（五）以其他方法掩饰、隐瞒犯罪所得及其收益的来源和性质的。

单位犯前款罪的，对单位判处罚金，并对其直接负责的主管人员和其他直接责任人员，依照前款的规定处罚。”

（二）司法解释

《最高人民法院、最高人民检察院关于办理洗钱刑事案件适用法律若干问题的解释》（法释〔2024〕10号）第四条对《刑法》第一百九十一条中的“情节严重”加以规定：“洗钱数额在五百万元以上的，且具有下列情形之一的，应当认定为刑法第一百九十一条规定的‘情节严重’：

（一）多次实施洗钱行为的；

（二）拒不配合财物追缴，致使赃款赃物无法追缴的；

（三）造成损失二百五十万元以上的；

（四）造成其他严重后果的。

二次以上实施洗钱犯罪行为，依法应予刑事处理而未经处理的，洗钱数额累计计算。”

该司法解释第五条对《刑法》第一百九十一条第一款第五项规定的“以其他方法掩饰、隐瞒犯罪所得及其收益的来源和性质”列举了以下情形：

（一）通过典当、租赁、买卖、投资、拍卖、购买金融产品等方式，转移、转换犯罪所得及其收益的；

（二）通过与商场、饭店、娱乐场所等现金密集型场所的经营收入相混合的方式，转移、转换犯罪所得及其收益的；

（三）通过虚构交易、虚设债权债务、虚假担保、虚报收入等方式，转移、转换犯罪所得及其收益的；

（四）通过买卖彩票、奖券、储值卡、黄金等贵金属等方式，转换犯罪所得及其收益的；

（五）通过赌博方式，将犯罪所得及其收益转换为赌博收益的；

（六）通过‘虚拟资产’交易、金融资产兑换方式，转移、转换犯罪所得及其收益的；

（七）以其他方式转移、转换犯罪所得及其收益的。

（三）立案追诉标准

最高人民检察院 公安部《关于公安机关管辖的刑事案件立案追诉标准的规定（二）》第四十三条规定：“【洗钱案（刑法第一百九十一条）】为掩饰、隐瞒毒品犯罪、黑社会性质的组织犯罪、恐怖活动犯罪、走私犯罪、贪污贿赂犯罪、破坏金融管理秩序犯罪、金融诈骗犯罪的所得及其产生的收益的来源和性质，涉嫌下列情形之一的，应予立案追诉：

（一）提供资金帐户的；

（二）将财产转换为现金、金融票据、有价证券的；

（三）通过转账或者其他支付结算方式转移资金的；

（四）跨境转移资产的；

（五）以其他方法掩饰、隐瞒犯罪所得及其收益的来源和性质的。”

可以看出，洗钱罪的立案追诉标准没有规定金额标准，这跟近年洗钱案件频发和国家对洗钱犯罪行为保持高压态势不无关系。

三、财务人员如何应对洗钱的法律风险

应对洗钱犯罪行为，财务人员最需要做的是识别洗钱行为，并快速脱身。

（一）洗钱知识储备

1.学习反洗钱法规

平时多留意《中华人民共和国反洗钱法》、《刑法》第一百九十一条及央行的监管规定，明确可疑交易识别标准，如频繁大额现金存取、关联交易无合理商业目的。

2.参加反洗钱培训

参加反洗钱专项培训，或者从互联网上学习反洗钱的宣传内容，了解新型洗钱手法，如虚拟货币、贸易融资欺诈等。

（二）通过财务内控防火墙识别洗钱行为

1.对客户与交易尽职调查

对合作方，尤其是跨境交易对象，核实实际控制人、股权结构、业务范围以及与本单位发生业务的真实性。对现金交易、关联交易设置额外审批流程，要求提供完整贸易背景证明，如物流单据、报关单等，当出现无法提供完整证明，而单位管理层强行推进业务时，财务人员应提高警惕，保持职业怀疑。

2.利用财务系统监测与报告

在财务系统中设置预警规则（如单笔超限额交易、频繁跨行转账），自动标记异常流水并调查分析背后原因。

（三）拒绝参与与证据留存

1.抵制违规指令

若被要求虚开发票、伪造合同或拆分资金，则应书面提出异议并抄送合规部门，避免直接操作非正常资金账户。

2.完整保留证据

保存真实交易凭证（如合同、发票、银行回单等），与虚假材料分开存档；使用财务软件操作日志功能，记录数据修改痕迹（如修改人、修改时间、修改内容等）。

（四）主动监督与举报

1.内部审计与自查

单独或与内部审计部门每季度核查银行流水与账面的一致性，重点排查无实质业务的资金往来和虚构的交易，避免所在单位成为洗钱通道。当发现管理层默许或明确支持违法行为和违法交易时，财务人员当思退路。

2.利用举报机制

发现可疑交易通过内部合规渠道上报高层。若公司高层参与洗钱，则可直接向央行当地分支机构或公安机关举报（适用《中华人民共和国反洗钱法》第十一条举报保护条款）。

（五）危机应对与自我保护

1.配合调查策略

若企业被调查，则应立即整理未参与洗钱的证据链，如合规审批记录、反对记录等。

向办案机关说明岗位权限，如“仅负责记账，无资金调度权”，切割个人责任。

2.利用免责抗辩

若已履行反洗钱义务，如尽职调查、可疑交易报告，则可主张无主观故意，避免刑事责任。

（六）终极避险选择

当发现公司存在系统性洗钱且高层参与其中时，应立即离职，不立危墙之下，避免被牵连。

第三节　骗取贷款的法律风险及财务人员应对策略

企业通过虚构交易、伪造财务报表骗取贷款的行为在我国经济发展中很常见。这种行为不仅严重扰乱了金融管理秩序，还给金融机构造成了巨大的经济损失。财务人员需要了解企业骗取贷款的主要手段、骗取贷款行为发生后所面临的法律后果，以及如何面对骗取贷款的法律风险。

一、骗取贷款的主要手段

骗取贷款是指企业通过虚构事实、隐瞒真相或提供虚假材料，欺骗银行或其他金融机构获取贷款的行为。常见手段包括：

（一）财务数据造假

提供财务数据，是取得贷款的基本条件。因此，财务数据造假成为骗取贷款的主要手段。企业通过虚增存货、固定资产等资产与营业收入，隐瞒负债与担保，伪造财务报表、盈利预测、资信证明等文件，以夸大企业的经营状况和偿还能力。

（二）虚构交易

编造虚假贸易合同、物流单据，虚构交易流水骗取供应链贷款，或者关联企业串通签订虚假购销协议，通过“走单、走票，不走货”的循环贸易手法套取贷款。

（三）抵押物欺诈

伪造评估报告，或者通过高价购买的方式取得评估机构的评估报告，高估抵押物的价值，或者将已抵押给他人的同一资产（如房产、设备等）向金融机构抵押，超值融资。

（四）身份与资质造假

冒用其他企业或个人的名义申请贷款，利用他人的良好信用记录获取贷款，或者虚构企业资质，伪造高新技术企业证书、专利证书等，骗取低息政策性贷款。

（五）与金融机构内部工作人员勾结

企业许诺给予金融机构工作人员好处，与金融机构工作人员内外勾结，提供虚假材料或隐瞒真实情况，以骗取贷款。

二、骗取贷款的法律后果

（一）刑事责任

（1）《刑法》第一百七十五条之一规定：“以欺骗手段取得银行或者其他金融机构贷款、票据承兑、信用证、保函等，给银行或者其他金融机构造成重大损失的，处三年以下有期徒刑或者拘役，并处或者单处罚金；给银行或者其他金融机构造成特别重大损失或者有其他特别严重情节的，处三年以上七年以下有期徒刑，并处罚金。

单位犯前款罪的，对单位判处罚金，并对其直接负责的主管人员和其他直接责任人员，依照前款的规定处罚。”

（2）最高人民检察院 公安部《关于公安机关管辖的刑事案件立案追诉标准

的规定（二）》第二十二条规定："【骗取贷款、票据承兑、金融票证案（刑法第一百七十五条之一）】以欺骗手段取得银行或者其他金融机构贷款、票据承兑、信用证、保函等，给银行或者其他金融机构造成直接经济损失数额在五十万元以上的，应予立案追诉。"

（3）骗取贷款罪与贷款诈骗罪的区别。骗取贷款罪与贷款诈骗罪在客观方面都表现为使用欺骗手段骗取贷款，区别在于行为人主观上是否具有非法占有的目的，对行为人主观上没有非法占有目的，或者证明其非法占有目的的证据不足的，只能认定为骗取贷款罪。贷款诈骗罪的行为人主观上必须以非法占有为目的。

（二）民事责任

企业需要承担因骗取贷款行为给金融机构造成的经济损失，包括贷款本金、利息、罚息等。此外，企业还可能面临信用受损、被列入失信被执行人名单等后果，影响企业的正常经营和发展。

三、财务人员如何应对骗取贷款的法律风险

（一）严守合规底线，拒绝参与造假

（1）若管理层要求虚增收入、隐瞒负债，则应书面提出异议并抄送审计委员会，抵制编制虚假报表的指令，拒绝在虚假的审计报告、贷款申请文件上签字。

（2）审慎处理抵押物资料，要求独立第三方评估机构出具抵押物价值评估报告，核实权属证明。

（二）强化内控与证据留存

（1）规范贷款材料的管理，贷款申请材料应经财务、法务、合规部门联合审核，留存审批记录；对购销合同、银行流水等关键文件建立多人复核机制。

（2）系统留痕与档案隔离。财务系统开启操作日志功能，记录报表修改痕迹，如修改人、修改时间、原数据。当发现贷款材料做假时，将真实材料与虚假的贷款材料分开存档，避免混淆。

（3）对贷款资金的使用，尤其是向关联方大额转账，要求提供真实交易背景说明。如果难以取得真实交易证据材料，应向上级报告并做好汇报记录的证据留

存工作。

（三）主动监督与风险预警

骗取贷款的行为往往是企业管理层的决策。管理层骗取贷款往往不是以非法占有为目的，而是企业管理层在经营资金出现困难，正常渠道难以取得贷款时作出的下策之选，仍冀望企业经营情况好转，能够到期归还贷款本息。因此，作为财务人员在发现贷款是企业管理层骗取的时，应主动监测资金的流向，定期核对贷款资金用途与贷款合同约定是否一致，发现挪用立即上报，并向管理层提示挪用的风险，提出合理的建议。

财务人员还可以通过内部审计渠道反映企业异常的贷款，通过内部审计的力量向治理层报告管理层在经营过程中存在的违法行为。

（四）危机应对与自我保护

1.配合调查的策略

若企业因骗取贷款被立案，则应立即整理未参与造假的证据，如反对骗贷的记录、真实账目情况等，必要时聘请专业律师。向办案机关说明自己的岗位职责，表明自己未参与准备虚假材料，未参与骗贷的决策，切割个人责任。

2.利用免责抗辩

若已勤勉尽责，如履行复核义务、提出书面质疑，则可主张无主观故意，避免被刑事追责。

（五）终极避险选择

当发现企业长期骗贷、循环骗贷且自己无法改变现状，又承受财务数据造假的压力时，应立即离职，以规避风险。财务人员在骗取贷款案件中的核心风险是“数据造假的执行者”。只有不造假、留铁证、敢切割、合规履职，才能规避法律风险，避免沦为共犯。

第六章

财务人员的保护盾：内部控制体系建设

财政部发布的《企业内部控制基本规范》及配套指引，为财务人员构建了一套系统化的风险防控机制。从职业安全角度来看，内控体系通过明确权责边界、规范操作流程、强化监督制衡，来帮助财务人员规避法律风险、操作失误和道德困境。

第一节　权责分配与授权审批

一、权责分配与不相容职务分离

（一）了解职责分工

企业内部环境管理体系建设，要求企业应当根据国家有关法律法规和企业章程，建立规范的公司治理结构和议事规则，明确决策、执行、监督等方面的职责权限，形成科学有效的职责分工和制衡机制。可见，职责分工是企业高效运营的基石。明确的职责分工不仅能提高工作效率，还能避免工作重复和推诿扯皮现象，从而确保各项工作有条不紊地进行。

从高层管理者的角度来看，企业通常设有董事长、总经理以及各职能总监等关键岗位。董事长作为企业的最高决策者，负责制定公司战略，把握发展方向。总经理则负责战略的执行，主持公司的日常全面工作。各职能总监如营销总监、财务总监、生产总监等，分别负责各自领域的具体工作。例如，营销总监负责市场开发和销售业绩，财务总监负责公司财务管理和资金运作。这种高层职责分工明确，各司其职，有助于形成科学的管理体系，推动企业稳步发展。

在中层管理者层面，各部门的职责分工同样至关重要。行政部门负责企业的日常管理工作，包括人力资源管理、规章制度制定、内部协调等。销售部门专注于市场开发、销售渠道建设和销售业绩考核，是企业收入的重要来源。研发部门致力于产品研发和技术创新，为企业的持续发展提供动力。生产部门则负责产品的制造和质量控制，确保按时交付满足客户需求的产品。客户服务部门关注售后服务和客户满意度，维护良好的客户关系。财务部门在不同企业有不同的设置，通常被细分为会计部、财务部、资金管理部等。会计部负责日常的会计核算工作，包括账务处理、财务报表编制等，确保财务信息的真实、准确和完整。财务部负责企业的资金管理、成本控制和预算管理，通过合理的资金调配和成本控制提高企业的经济效益。资金管理部则专注于企业的融资、投资和资金运营，确保企业资金的高效利用和安全性。通过合理的部门职责分工，各部门能够充分发挥自身优势，协同作战，共同推动企业发展。

此外，明确的职责分工还有助于建立有效的绩效考核体系。每个岗位和部门都有明确的工作目标和职责范围，便于对其进行科学评估和激励。例如，财务部门的绩效考核可以基于资金利用率、成本控制效果、财务报表的准确性等指标。通过合理的绩效考核，可以激发员工的工作积极性和创造力，推动企业整体业绩的提升。然而，职责分工并非一成不变。随着企业内外部环境的变化，职责分工也需要不断调整和优化。企业应定期对职责分工进行评估，及时发现问题并进行改进。

企业需要结合业务特点和内部控制要求设置内部机构，明确职责权限，将权利与责任落实到各责任单位。为了使全体员工掌握内部机构设置、岗位职责、业务流程等情况，明确权责分配，正确行使职权，企业应当编制内部管理手册。

（二）财务部门的主要职责和权责分配

财务部门作为企业管理的核心组成部分，其权责分配的科学合理性直接关系到企业的财务健康与长远发展，也关系到具体财务人员的职业安全。

1.财务部门的主要职责

（1）会计核算

根据国家会计制度建立并完善公司的会计核算体系，及时准确地进行账务处理，编制财务报告，为公司的生产经营决策和利益相关者提供准确的财务信息。

（2）资金管理

现金流好比是公司的血液，没有良好的资金管理能力，公司难以长远发展。财务部门负责筹措生产经营所需的资金，合理调度资金，定期分析企业资金营运能力，控制债权债务，为运营提供良好的资金支持。

（3）成本控制

拟定成本控制措施，监督成本开支范围，审核费用的真实性和合法性，进行成本分析，为企业的经营提供准确的数据支持。

（4）内部控制

与有关部门一道建立健全企业内控制度，检查评价内部会计控制，提出改进措施，防范企业的经营风险。

（5）税务管理

熟悉税收法规，规范企业和个人纳税行为，建立融洽的税企关系，负责报税工作。

2.财务部门的权责分配

（1）财务总监

负责制定公司财务目标、政策及操作程序，参与企业战略决策，审核财务报表，制订并执行融资方案，提交财务分析和管理工作报告，参与投资项目的分析、论证和决策。

（2）财务经理

负责财务部门的日常会计核算的管理工作，监督各项财务活动的执行，对公司重大财务决策提供支持。

（3）会计岗位

负责会计核算工作，确保财务数据的真实、准确和完整，编制财务报表，进行财务分析。

（4）资金岗位

负责管理公司资金流动，筹措和调度资金，编制资金预算，分析资金使用效率，确保公司资金链的安全。

（5）成本岗位

负责监督和控制公司成本，拟定成本控制措施，审核费用开支，进行成本分析和预测。

(6) 税务岗位

负责公司的税务管理工作，确保税务合规，进行税务筹划，降低企业税务成本。

(7) 内控岗位

负责建立健全公司内控制度，检查和评价内部控制的有效性，提出改进措施，确保企业财务活动的规范性和安全性。

3.权责分配的原则

(1) 权责对等

权力与责任应当相匹配，确保部门和人员在行使权力的同时承担相应的责任。

(2) 不相容职务分离

将关键岗位的不相容职务分离，如会计记录与资产保管、授权审批与执行等，以降低舞弊风险。

(3) 透明公开

权责分配应当透明公开，确保部门和人员明确自己的职责和权力范围，提高工作效率和透明度。

(4) 动态调整

根据公司的发展战略和市场环境的变化，适时调整财务部门的权责分配，确保其适应公司发展的需要。

(三) 不相容职务分离

企业需要运用相应的控制措施，将风险控制在可承受范围之内。通常，控制措施包括不相容职务分离控制、授权审批控制、会计系统控制、财产保护控制、预算控制、运营分析控制和绩效考评控制等。此处，我们重点讨论不相容职务分离这一控制措施在财务岗位设置领域的应用。

不相容职务分离控制要求企业全面系统地分析、梳理业务流程中所涉及的不相容职务，实施相应的分离措施，形成各司其职、各负其责、相互制约的工作机制。财务部门作为企业会计核算和资金流动的核心，其内部控制的有效性直接关系到企业的财务安全与稳健发展。不相容职务分离作为内部控制的一种重要手段，通过将财务部门关键岗位的职责分离，可以有效防止错误和舞弊行为的发生，保障企业财务数据和资金的安全性和准确性。

不相容职务分离的基本原则是将某些职务安排不同的人员担任，以防止一个人同时担任可能发生错误和舞弊行为的职务，并掩盖其错误和舞弊。具体来说，不相容职务通常包括可行性研究与决策审批、决策审批与执行、执行与监督检查等。

财务部门的不相容职务主要有：

1.授权与执行分离

授权进行某项经济业务和执行该项业务的职务要分离。例如，有权决定或审批资金支出的人员不能同时兼任付款执行者。这样的分离确保了任何经济业务的执行都需要经过适当的授权和审批，避免滥用职权。

2.执行与记录分离

执行经济业务和记录该业务的职务要分离。比如，负责采购的人员不能同时兼任财务部门的会计记录工作。这样可以防止执行业务的人员篡改记录，确保会计记录的准确性和客观性。

3.保管与记录分离

保管财产物资和记录的职务要分离。例如，出纳人员负责资金的收付和保管，而会计人员则负责账务处理，这种分离防止了资金管理人员通过篡改记录来掩盖资金挪用等行为。又如，仓库保管员负责各项存货的收发和保管，而会计员负责存货收发的会计核算，这种分离防止了存货管理人员通过篡改记录来监守自盗，在保障存货安全的同时，保障了会计核算的准确性。

4.保管与核对分离

保管财产物资和核对账实是否相符的职务要分离。例如，仓库保管员负责物资的收、发、存的管理，而会计人员单独或会同资产管理部门人员定期对物资进行盘点，确保账实相符，防止物资被盗用、记录不准确或保管不善等情况。

5.记录明细账与总账分离

登记明细账和总账的职务要分离。明细账和总账的分别记录可以确保账务处理的多层次审核，防止错误和舞弊行为。当前，一款成熟而广泛使用的财务软件，已经不再需要人工登记明细账和总账，记录明细账与总账的职务分离的控制意义也就不大了，但是作为财务人员，还是有必要知道这种职务分离存在的目的，并应用到其他防错防弊情景中。

由于财务工作是融入企业经营的方方面面的，因此财务人员还需要关注重大资产建设、信息系统开发等过程中与财务相关的不相容职务。例如，在工程项目各项管理制度中，项目实施与价款支付的岗位是否职务分离，竣工决算与审计的岗位是否职务分离，以确保资金安全。又如，企业在信息系统开发过程中，按照不同业务的控制要求，通过信息系统中的权限管理功能控制用户的操作权限，避免将与财务相关的不相容职责的处理权限授予同一用户。

通过不相容职务分离，避免了财务人员因“一人多岗”被迫承担全流程责任的风险，也因授权、执行、记录、审核等关键环节由不同人员负责，降低了财务人员操作失误或舞弊风险，分散了追责压力。

二、财务部门的授权审批制度

（一）了解授权审批控制

授权审批控制要求企业根据常规授权和特别授权的规定，明确各岗位办理业务和事项的权限范围、审批程序和相应责任。常规授权是指企业在日常经营管理活动中按照既定的职责和程序进行的授权。特别授权是指企业在特殊情况、特定条件下进行的授权。企业应当编制常规授权的权限指引，规范特别授权的范围、权限、程序和责任，严格控制特别授权。

企业各级管理人员应当在授权范围内行使职权和承担责任。企业对于重大的业务和事项，应当实行集体决策审批或者联签制度，任何个人不得单独进行决策或者擅自改变集体决策。

（二）财务部门的授权审批制度：规范与效率的平衡

财务部门的授权审批制度是保证资金安全、防范财务风险、提高资金使用效率的重要机制。这一制度通过明确审批权限、规范审批流程和落实责任追究，确保企业财务活动在合法合规的轨道上运行。

1.财务授权审批制度的核心在于审批权限的合理设置

通常企业会根据自身规模和业务特点，将财务审批权限划分为不同层级。高层管理者，如财务总监或总经理拥有最高审批权限，负责大额资金支出和重大财务决策；中层管理者，如部门经理则负责中等额度资金的审批；基层管理者或部门主管则处理小额资金的日常支出。通过层层授权，既保证了决策的高效性，又实现了权力的相互制衡。

2.规范的审批程序是财务授权审批制度有效运行的保障

各部门使用资金，需要填写详细的资金使用申请表，注明申请事由、金额及用途，并按照规定的流程逐级上报审批。小额支出可能只要部门负责人审批即可执行，而大额支出则需要经过财务总监、总经理甚至董事会的审核。这种逐级审批的程序不仅确保了资金使用的合理性，还为每一笔资金流动留下了清晰的审批轨迹。

此外，特殊支出事项的审批需要额外的关注，通常属于特别授权的范围。例如，设备购置、重大合同签订等，通常需要经过公司审计委员会的审查，以确保其符合公司战略和财务规划。对于超出部门预算的支出，则需要提交预算调整申请，经财务总监、总经理审批后方可执行。这样的审批制度有助于控制成本，避免资源浪费。

在授权管理方面，财务部门需要建立完善的授权备案制度，确保每一次授权都有据可查。当授权人发生变动时，及时清理失效权限，重新进行授权，以防止权力真空或滥用。同时，内部审计机构应对审批过程进行定期监督和检查，发现违规行为及时处理，从而保证制度的严格执行。

3.责任追究机制是财务授权审批制度不可或缺的一部分

对于未按规定程序进行审批的行为，相关人员需要承担相应的违规责任。如果因审批不当导致公司损失，则必须依法追究法律责任。这种严格的责任制度能够有效增强各级管理者的责任感和风险意识。

随着企业规模的扩大和业务的复杂化，财务授权审批制度也需要不断优化和完善。例如，一些大型企业采用信息化手段，通过财务管理系统实现在线审批，在提高审批效率的同时，进一步加强了内部控制。此外，企业还应建立重大事项集体决策制度，避免“一支笔”审批带来的风险。

（三）严格执行授权审批制度是对财务人员的保护

在企业复杂的运营环境中，财务部门常常处于风口浪尖，财务人员更是如履薄冰，处理着各种资金往来事项。严格执行授权审批制度就像是财务人员的“护身符”，在关键时刻能起到保驾护航的作用。授权审批制度不仅规范了企业的财务管理，还在多方面为财务人员提供了强有力的保护。

1.授权审批制度明确了各级财务人员的职责与权限

例如，某大型制造企业规定，单笔金额在10万元以下的费用报销由部门经理审批，10万元至50万元的费用报销由财务总监审批，50万元以上的费用报销则由总经理审批。这种明确的职责划分使得财务人员在处理报销事务时，能够依据制度规定行事，避免了因权限不清产生责任纠纷。假设该企业财务人员在未得到总经理审批的情况下，擅自处理了一笔60万元的资金支出，一旦出现问题，该财务人员将承担相应的责任。而通过严格的授权审批制度，财务人员作为流程执行者，只要在自身权限范围内履行职责，就可大大降低因越权操作而面临的风险。

2.授权审批制度有助于防范财务舞弊行为，保护财务人员的职业声誉

以某上市公司为例，该公司在采购付款环节实行了多层级审批制度。采购部门提交付款申请后，先由部门经理审核采购事项的真实性与合理性，再由财务部门核对发票、合同等凭证的合规性，最后由财务总监审批付款。在这一过程中，任何一级审批人员发现问题都可以及时阻止付款，防止舞弊行为的发生。对财务人员而言，他们只需专注于凭证的合规性审核，而不必担心因其他环节的问题而卷入舞弊事件，从而有效保护了他们的职业声誉。

3.授权审批制度还为财务人员提供了决策支持与风险分担机制

当财务人员面临复杂或金额较大的财务决策时，可以通过向上级提交审批申

请来获取指导和支持。例如，主管资金的财务人员在考虑是否利用企业的闲置资金投资一项高风险高收益的理财产品时，认为该理财产品收益高，风险在可接受的范围内，并且先前企业已有投资此类理财产品的先例。按照授权审批制度的要求，将项目方案提交财务总监和总经理审批。最终该项目因风险过高被总经理否决，避免了企业潜在的资金损失。在这种情况下，财务人员通过执行授权审批制度，将决策风险分担给了更高级别的管理者，自身得以规避因决策失误而可能承担的责任。同时，保留书面审批记录或信息系统中的审批痕迹，可以作为财务人员"履职尽责"的证据，避免因管理层指令违规而担责。在实务中，这类事务颇多。财务人员出于企业创收和个人多发奖金的目的，将闲置资金用于购买理财产品、短期持有股票或者进行外汇交易，在发生了巨额亏损时，由于企业没有严格的审批制度，被企业追责。

4.授权审批制度还有助于提升财务人员的合规意识与职业道德水平

在严格的审批流程下，财务人员需要不断学习和掌握相关的财务法规、企业制度和内部控制要求，以确保自己的操作符合规范。这种持续的学习过程，有助于培养财务人员的合规意识和职业道德观念，使之在日常工作中更加谨慎、规范地处理财务事务，从而为自身的职业发展奠定坚实基础。

第二节 标准化财务操作手册

规范业务流程是内部控制体系建设的核心工作，也是规避合规风险的关键。内部控制通过制度和流程设计，对财务业务活动进行系统化、规范化的管理，可以确保所提供的会计信息合法、真实、准确、及时和完整。

有两项工作是财务部门应该着重完成并持续完善的，那就是编写标准化财务操作手册和强化会计系统控制。本节主要讨论如何编写标准化财务操作手册及其对财务人员职业安全起到的作用，强化会计系统控制的内容放在下一节讨论。

一、什么是标准化财务操作手册

标准化财务操作手册是一套系统化、书面化的流程指南，详细规定了企业财务活动中各项操作的标准步骤、职责分工、风险控制点及合规要求。它以企业内部控制规范为基础，结合具体业务场景，将财务流程细化至可执行的层面，确保所有财务人员按统一标准执行操作，减少人为偏差。

二、编制标准化财务操作手册的流程

（一）前期准备：需求分析与框架设计

标准化财务操作手册不仅是财务部门的工作指南，还是确保企业财务活动规范、高效运行的重要工具。编制这样一本手册，需要进行详尽的需求分析与合理的框架设计，以确保其内容全面、实用且易于操作。

1.明确编制的目的与目标

（1）标准化财务操作手册的编制目的通常包括规范财务操作流程、提高工作效率、防范财务风险。但是，有时它是出于满足外部监管的要求。

（2）编制前，需要设定具体的、可衡量的目标，如减少财务差错率、提高财务报表的准确性、缩短财务处理时间等；需要确定手册覆盖的范围，如全业务流程或模块化分册；需要明确适用的对象，如总部与子公司采用统一适用版本，或差异化版本。

2.识别用户群体

一般包括两类用户群体：

（1）内部用户，包括财务部门的员工，以及其他部门与财务工作相关的员工。

（2）外部用户，包括外聘的审计机构及其会计师、监管机构、投资者等。

3.组建编制团队

由财务部牵头，联合法务、IT、业务部门，确保流程与业务实际契合。

4.收集现有资料与流程

（1）收集企业现有的财务制度、流程文档，了解现有流程的优缺点，为编写标准化财务操作手册积累素材。

（2）收集最新的法律法规和制度，主要是整合会计法律法规、税收政策、行业监管规定及企业内部制度，并参考行业内成功的标准化财务操作手册，确保手册内容符合最新的法律法规和行业现状。

5.进行需求调研

（1）问卷调查与访谈。设计问卷，收集各部门对现有财务流程的意见和建议。与关键用户进行深入访谈，了解其具体需求和痛点。

（2）组建工作组。在编制团队的基础上组织跨部门工作组，为共同讨论和确定新的财务操作流程做好人事安排。

6.框架设计

（1）封面与目录，简洁明了，便于查找内容。

（2）前言，介绍手册的编制目的、使用对象、编写原则等。

（3）正文，按照财务操作流程进行分类编写，每个流程包括流程概述、操作步骤、注意事项、相关表单模板等内容。

（4）附录，包括相关法律法规、政策文件、常用表格模板等。

（二）核心内容编写：流程分解与风险控制

1.正文内容

（1）正文内容通常包括的模块

① 基础财务操作模块，如会计凭证处理、账簿登记、报表编制等；

② 资金管理模块，如资金收付管理、资金计划与调度、资金风险管理等；

③ 成本控制模块，如成本核算、成本分析、成本控制方法等；

④ 税务管理模块，如税务申报、税务筹划、税务风险管理等；

⑤ 财务分析与决策支持模块，如财务指标分析、财务预测、预算管理等。

（2）操作步骤与注意事项

① 操作步骤。详细描述每个财务人员的操作步骤，确保清晰易懂、可操作

性强。

② 注意事项。列出每个操作过程中需要注意的事项和风险点，提醒用户避免常见错误和潜在风险。

（3）表单模板

① 设计常用表单模板，如会计凭证模板、账簿登记表单、报表模板等，方便用户直接使用；

② 确保表单模板的规范性和实用性，符合企业实际情况和财务管理要求；

③ 基础财务操作，如会计凭证处理、账簿登记、报表编制等；

④ 资金管理，如资金收付管理、资金计划与调度、资金风险管理等；

⑤ 成本控制，如成本核算、成本分析、成本控制方法等；

⑥ 税务管理，如税务申报、税务筹划、税务风险管理等；

⑦ 财务分析与决策支持，如财务指标分析、财务预测、预算管理等。

2.步骤拆解——以采购付款流程为例

（1）采购付款流程

采购申请 →合同审批 → 收货验收 →发票校验 →付款审批 →银行支付 →账务处理。

（2）每一步骤需要明确的内容

① 明确操作主体，如业务部门填单、财务审核流程中的操作人等；

② 输入输出文档，如采购订单、验收单、发票等；

③ 系统操作指引，如ERP中发票匹配路径等；

④ 明确时限要求，如收到发票后N小时内处理，否则系统发出风险提示。

3.风险点标注

（1）高风险环节提示，如合同审批权限缺失可能导致超预算采购。

（2）控制措施，如设置合同金额分级审批制度（50万元以下由部门经理审批，50万元以上由总经理审批）。

4.模板与工具

（1）提供标准化表单，如《费用报销单》《资金调拨申请表》。

（2）步骤中嵌入流程图，直观展示多部门协作节点。

（三）编制技巧：确保可操作性与实用性

（1）语言上力求简明扼要，避免理论化描述，可以采用“动作+标准”的句式。例如，会计在审核发票时，应核对发票所载品名、金额是否与合同中的表述一致。

（2）分级细化，逻辑清晰。例如，一级目录按业务模块划分（如资金管理、税务管理、报表编制等）；二级目录显示具体流程（如增值税申报、固定资产折旧等）；附录显示法规索引、常见问题解答和紧急联系人。

（3）能用可视化工具的，尽量使用可视化工具。例如，使用流程图、截图标注（如系统操作界面中的红框提示）。

（四）测试与迭代

（1）测试阶段可以选择手册中的1~2个业务单元试点运行，收集财务与业务人员的反馈意见。待测试可行后，再全面推行。

（2）修订机制。每年定期更新，适应法规变化，如会计准则修订、内部控制制度更新等，并设立临时修订通道，应对业务调整或新开辟的业务。

（3）版本控制。明确生效日期，废止旧版本，避免执行混乱。

三、标准化财务操作手册对财务人员的作用

（一）规范操作行为，降低职业风险

财务人员按章操作，流程透明化，减少了因自由裁量导致的职业判断风险，降低了被怀疑“选择性处理”的道德质疑。

1.合规保障

明确每项操作的法律依据，如企业会计准则、税法条款，避免因知识盲区导致的违规风险。

2.责任切割

通过步骤分解与多人复核机制，分散操作责任，减少个人承担全责的可能性。

3.证据留存

规定关键环节的文档记录要求（如审批单、系统日志），为自证清白提供依据。

（二）提升工作效率，减少人为失误

（1）操作指引可以使新员工快速掌握流程，减少培训成本。

（2）提供标准表单，如付款申请单、对账模板，这一模板化工具可以避免重复设计，降低出错率。

（3）与财务系统操作步骤结合（如ERP系统中的记账流程），减少手工操作漏洞。

（三）从容应对审计与监管检查

（1）全流程可追溯性，便于快速响应内外部审计需求。

（2）标准化财务操作手册本身就是企业合规的证明，是企业遵循《企业内部控制基本规范》的证据，降低了监管处罚的风险。

（四）支持职业判断与决策

（1）风险提示。标注高风险环节，如关联交易审批、大额资金支付，提示财务人员加强审核。

（2）例外处理指南。针对特殊场景，如跨境付款汇率波动，提供标准化解决方案，减少主观决策压力。

标准化财务操作手册是财务人员的“行动地图”与“护身符”。对个人而言，标准化财务操作手册降低了职业风险、提升了专业可信度；对企业而言，标准化财务操作手册既保障了财务数据的质量，也支持了企业的战略决策。

编制标准化财务操作手册不是一劳永逸的事情，需要财务人员坚持“从业务中来，到业务中去”，通过持续迭代与培训，使其成为财务合规化的载体。

第三节　强化会计系统控制

会计系统是财务工作的核心载体，其控制效能的强弱直接决定财务数据的可靠性、合规性，也深刻影响财务人员的职业安全。通过系统化、技术化的控制手段，财务人员可以有效防范操作失误、数据篡改与人为舞弊的风险，为自身职业安全构建坚固防线。

一、权限分级构建起责任隔离的防火墙

（一）最小权限原则

最小权限原则（principle of least privilege）是指每个程序和系统用户都应该具有完成任务所必需的最小权限集合。它要求计算环境中的每个模块，如进程、用户或计算机程序，只能访问当下所需的信息或资源。它确保每个实体只获得执行其职能所需的最低权限级别，避免不必要的权限扩展，从而降低安全风险。最小权限原则在会计系统控制中的体现，主要是确保每个用户只能获得执行其职责所需的最低权限，从而保障财务数据的安全性和完整性。

1.按岗赋权

根据岗位职责分配系统权限，如出纳人员仅能操作付款模块，总账会计人员不可接触现金模块。

2.动态调整

当人员调岗或离职时，应在24小时内收回或变更权限，以避免僵尸账户带来的财务数据外泄风险。

通过权限隔离切割个人责任，避免因系统权限过大被怀疑“一手操控”。

（二）不相容权限分离

（1）关键操作分权。容易造成差错或舞弊的环节，由会计系统强制分离操作权限。例如，先由业务部提交付款申请，再由部门经理和财务经理按审批和核准权限审核，最后交由出纳人员执行，全流程由不同人员完成，系统强制分离权限。

（2）敏感权限监控。权限越大，意味着风险越大。对财务总监这类超级管理员的操作，需要增设二次验证，如短信动态码，并记录完整操作日志。

（3）权限日志可作为“未越权操作”的证明，降低被诬陷风险。

二、操作留痕是不言自明的可靠证据链

（一）全流程日志记录

1.一切操作均可溯源

系统会自动记录每笔分录的录入人、修改人、时间戳及修改前后的数据。

2.日志不可篡改

采用区块链技术或只读存储，确保日志的真实性。实践中，手工篡改系统日志的情况时有发生，财务人员应当警惕。在企业信息系统的开发建设中，系统日志不可篡改的思想务必嵌入。

（二）版本控制与审计追踪

（1）数据快照。每日自动备份账套，保留历史版本，使隐蔽性强的差错和舞弊行为留下痕迹，防止数据被覆盖后无法还原。面对监管调查和审计，财务人员可通过日志证明自己仅是按照流程操作，并无主观篡改意图。

（2）设置差异对比工具，利用系统内置功能快速定位异常修改，如某科目余额环比突增100%的异常提示，此时财务人员应快速锁定责任人，避免被牵连。

三、数据校验是风险拦截的安检门

（一）逻辑校验规则

1.钩稽关系校验

在检查数据钩稽关系时，可能遇到钩稽关系不一致的问题。这时财务人员需要深入分析原因，并采取相应的解决措施。例如，总账与明细账不平衡时系统自动拦截，或者根据报表数据间的钩稽关系检查报表数据是否正确等。如果资产负债表和利润表的净利润钩稽关系不成立，可能是因结转损益有误、损益类科目记账方向与科目方向不一致等原因造成的。这时财务人员需要核对账务数据，调整

借贷方向，重新提取正确数据，以确保钩稽关系的正确性。这些都可以通过会计系统自动化钩稽和审核，并与企业现有的ERP系统集成，实现数据的无缝对接和同步，提高数据钩稽关系检查的效率和准确性。

2.业务合规校验

如果提交的发票抬头与付款账户名称不一致、费用报销超过预算，系统则会弹出警告，提示修改或附审批说明。

（二）外部数据比对

1.银行对账自动化

系统每日抓取银行流水，与账面记录自动匹配，差异项高亮提示。

2.税务数据联动

增值税申报表与账面销项税额自动核对，差异超阈值需要人工复核。

通过系统硬控制减少了人为判断失误，如错录科目、漏提折旧等，接入异常数据强制复核机制，避免因疏忽导致重大差错。

四、流程自动化减少人为干预

（一）流程自动化应用

1.重复性工作被替代

重复性任务如数据输入、记账、统计和报表生成等，因其高度规范化和可预测性，已逐渐被人工智能（AI）和自动化技术替代。

2.规则化审核

按预设规则扫描发票真伪、合同关键条款，最大限度减少人为干预的空间。

（二）智能预警系统

1.风险指标监控

例如，当应收账款周转率骤降、毛利率异常波动、增值税税负率变动异常、税负率上下波动超过20%时，系统会自动预警，为财务人员及时发现可能存在的隐瞒收入、违规抵扣进项税额等问题创造了条件。

2.合规红线提示

例如，当关联交易金额超过了股东会授权的额度时，系统可以冻结后续流程，须待进一步获得授权后方可继续。

流程自动化，减少了手工操作环节，降低“被动配合造假”的可能性，如领导要求调整报表。系统自动拦截违规操作，为财务人员拒绝不当指令提供了技术支撑。

第七章

业财融合：整体思维下财务人员的职业风险控制

不少企业管理层对财务的认识都偏感性，认为财务部门的工作就是“管好钱、算好账、少交税”，就连部分财务从业者也这样看待自己的工作。然而，事实并非如此。

财务的本质是管理。当你发现自己日夜徜徉在会计核算的海洋里如鱼得水时，应怵然警醒——你已行走在偏离管理的轨道上，这不是坦途，而是沉沦。

既然财务的本质是管理，那么如何做好管理呢？业财融合是唯一可行之路。背离业务的财务管理有多么可怕，举两个简单的例子，就可窥端倪。

某企业资产利用率低，多项设备闲置。财务总监想盘活闲置的资产，在总经理的支持下搭建了资产投资回报率（ROI）测算模型，要求业务部门动手测算现有设备的ROI，以便全面实现资产管控。出乎意料的是，现有闲置资产没有盘活，企业反而新购置了设备，新购入的设备也逐渐闲置。财务总监苦心搭建的ROI模型没有控制住资产采购，反而被业务部门利用了。业务部门只要在测算ROI时，高估收益即可，完美的ROI数据推动了设备的采购。至于采购设备的其他关键因素，如工艺配套程度、产能匹配度、后续控制能力适配度等，不是被忽视，就是被弱化。

另一家企业则在财务部门主导下推动KPI管理。财务和业务部门投入了大量的人力和财力，为每个部门都设置了绩效指标，如设备利用率、预算执行率、资金周转率、良品率等。各部门为了这些指标保持在目标值以上，动用了各种手段。例如，为了调节毛利目标，大量采购虽符合质量要求但相较以往低一个等级的备件，使产品寿命大打折扣。等发现时，此类采购的金额已经过亿。

因此，对财务人员而言，有两个问题亟须解决：一是业财融合的底层逻辑是什么；二是业财融合所带来的不利应如何防范。

第一节　业财融合的底层逻辑

在当今瞬息万变的商业时代，企业如何才能在激烈的市场竞争中高效运转，抢占先机？业财融合，这一创新管理模式，无疑为企业提供了一把破解难题的金钥匙。

业财融合的底层逻辑的核心在于实现企业价值最大化。它通过整合业务、财务流程、系统和数据，实现企业内部资源的高效配置，最终推动企业价值的最大化。具体而言，业务和财务部门需要做到以下三个方面的内容：一是战略目标一致与协同；二是业财思维融合；三是打破部门的墙。

一、战略目标一致与协同

业财融合要求业务与财务部门在战略目标上保持一致，通过共享数据和分析结果，共同制定风险防控策略。

在业财融合中实现战略目标一致与协同的关键在于合理规划战略、明确共同目标以及加强沟通与协作。

（1）企业需要同时考虑财务和业务状况，制定合理的战略目标。这要求财务人员积极参与战略目标的制定过程，与业务人员一起，通过合理分配职责、相互协调配合来制订战略规划，绘制战略地图，确保双方对战略目标有共同的理解和认同。

（2）业务与财务部门要共同服务于企业的发展大局，即实现企业价值最大化。只有明确这一共同的目标，才能形成统一的战略视角。这要求财务人员既要立足于财务目标，又要突破财务目标，与企业的业务目标结合起来，确保两者的一致性。也就是说，财务人员要立足于整体看问题，而非局部。

（3）加强沟通与协作是实现战略目标一致性的重要手段。业务与财务部门之间应建立有效的沟通机制，打破壁垒，在保证数据安全的前提下共同分享信息，确保双方都能理解并满足对方的需求。这有助于消除业务与财务部门之间的隔阂，促进双方在工作中的紧密配合。

二、业财融合首要是思维融合

传统的思维定式是“业务主导、财务辅助”；业务部门是一线部门，财务部门是二线部门，如此种种。天然的认知壁垒是企业不能推行业财融合的根本原因。想要打破壁垒，需要从认知重塑和建立共同语言体系两个方面出发，使财务人员深入业务场景，业务人员学习财务知识，形成双向沟通机制，才能做到真正意义上的融合。

（一）认知重塑

有人认为，研究财务不如研究业务，研究业务不如研究人，想在财务领域有所成就，情商和背景才是最重要的。这种认知在一定程度上有其道理，但无益于企业的长远目标的实现。财务人员若想在专业领域取得长足发展，就需要摈弃个人视角下狭隘的情商论和背景论，重塑自己和业务端同事的角色定位。

1.财务角色重塑

推动财务从“事后核算者”转型为“业务伙伴”，财务人员不再仅仅是事后核算与监督的角色，而是深入业务前端，参与事前预测与决策。财务人员需要具备业务洞察力，通过财务数据分析，发现业务运营中的潜在问题与机会，为业务部门提供策略性建议。这种角色的转变为财务管理赋予了新的活力，使其成为企业决策的重要参谋。例如，财务BP（业务伙伴）的角色应运而生，作为连接业务与财务的桥梁，财务BP不仅精通财务知识，还深入了解业务运作，了解业务链上人员、设备、生产物料、操作流程、基础设施等怎样高效组合和运用，并能够有效地将财务思维融入业务决策中。

2.业务角色重塑

业务人员需要理解财务指标的意义，如ROI、现金周转率等，将财务目标纳入到业务人员的KPI之中，如成本变动率、回款率等。

3.角色融合

在制订与决策方案时，将业务与财务融合在一起，整体分析经营指标、财务指标和KPI指标的优缺点，最大限度地扬长避短，选择与企业战略目标一致的、能够充分发挥协同效应的方案。

（二）建立共同语言体系

传统的企业管理模式中，业务与财务部门常常各自为政，导致信息孤岛现象严重。业务部门掌握市场一线数据，而财务部门则关注事后核算。出于内部控制考虑，业务与财务部门之间还存在互相牵制的制度安排，但两者的目标是一致的。这就为业务和财务部门从“对立博弈”到“建立共同语言”奠定了基础。业财融合需要通过打破部门壁垒，将业务流程与财务数据全面集成，确保信息流的畅通无阻。这体现了业财融合的核心点在于数据的无缝对接与共享。

1.统一术语与工具

通过培训让业务人员掌握基础的财务指标知识，如毛利率、应收账款周转率等，财务人员学习业务术语，如流程优化、客户生命周期管理等。

2.可视化数据看板

构建业财共享的BI仪表盘（商业智能仪表盘），集成不同数据源的信息，提供实时数据更新和数据分析以及凸显关键绩效指标，支持业务和财务部门交互操作，用直观图表展示业务动作与财务结果的关系，如直观展示“广告投放费用→销售额→净利润”链路。

三、打破部门的墙，构建利益共同体

（一）跨部门轮岗与联合决策

1.业务与财务岗位互嵌

业务骨干定期到财务部门轮岗，如参与预算编制、预决算数据收集等。财务人员派驻业务一线，与业务人员一起跟进供应链或销售项目。

2.面向市场，建立联合决策机制

例如，新产品定价、购销合同条款等关键决策需要业务与财务部门的负责人共同签字，避免单方面主导。对业务部门提出的需求，财务部门应同步评估资金占用成本，提出并讨论替代方案的可行性，或提示税务上存在的风险。

（二）利益绑定的奖惩机制

1.设立跨部门奖金池，根据联合目标达成率分配奖金

例如，年度净利润超额完成的，根据超额部分提取的奖金，由业务与财务部门按7∶3的比例共享。再如，医药企业的业务部门为完成销售目标大量赊销，导致坏账高企。自从医药企业推行“销售回款与奖金强挂钩”和“财务BP介入

客户信用评估”后，坏账率从8%降至3%，联合团队因回款效率提升获得更高的奖金。

2.设立风险共担基金

从业务利润中提取一定比例作为风险共担基金，若因两部门联合执行风控制度，避免了重大损失，提取所节省成本的10%奖励联合团队，若未完成风控目标，则提取的风险共担基金不予分配，收归企业所有。

利益绑定的本质是“价值共创、风险共担”，应通过制度设计让双方意识到“一荣俱荣、一损俱损”。企业可以从小范围试点开始，选择冲突最明显的业务单元，验证模式后再推广。

通过上述机制，企业可将业务部门的“冲锋动力”与财务部门的“刹车能力”转化为“平衡驱动”，最终实现可持续增长与风险可控的双赢。

（三）打破物理上的权责边界

1.设置业财融合岗位

派驻财务BP到业务部门，直接参与业务运营，同时向业务经理和财务总监双向汇报，或者在业务部门设立“财务联络员”，负责对接财务部门的需求与数据解释。例如，快消品企业让财务BP常驻销售大区，协助制订适当的促销方案，直接计算折扣力度对毛利率和市场份额的影响，以求权衡利弊，达到最优促销效果。

2.跨部门轮岗与培训

强制业务骨干到财务部门轮岗3~6个月，参与预算编制和成本分析。安排财务人员定期到一线业务场景（如仓库、销售现场）实践，理解业务痛点。

综上所述，业财融合的底层逻辑在于通过数据整合、角色转变、精细化运营，实现企业内部资源的高效配置，最终实现企业价值最大化。在数字化时代，业财融合将成为企业提升竞争力的重要手段，在助力企业从激烈的市场竞争中脱颖而出的过程中，财务人员仍然大有可为。

第二节　业财融合背景下财务人员的风险应对策略

即便是已经推行业财融合的企业，业务与财务部门的利益相背离、相冲突的情况也经常出现。这是双方掌握的信息、资源和利益诉求点不同导致的。财务部门需要按照会计准则、税法和企业财务管理制度来处理业务关系，而业务部门则需要根据市场的实际情况，作出种种变通的行为，以便于实现自己的目标。业务部门关注于销售额和市场份额，而财务部门则关注于风险控制和合规性。这种目标差异容易导致两个部门之间的冲突。这些冲突产生的原因不会因为企业推行了业财融合，而凭空消失。有冲突必然有风险，我们有必要就财务人员在业财融合背景下的风险及风险应对策略做一番讨论。

一、主要风险类别

业财融合背景下，财务人员面临的风险主要包括法律风险、道德风险和技能风险。这些风险不仅包括了传统的风险，还包括了因业财融合而带来的新挑战。

从外部风险来看，财务人员可能因缺乏法律意识或受迫于各方关系而从事违规操作，或者业财融合管理制度本身就存在诱导员工违反现行法律规定的设计，从而导致财务人员面临法律风险。

从内部风险来看，财务人员可能因对岗位收入和职务的不满，或面对业财融合带来的新诱惑，利用职务之便与业务人员串谋，谋取私利，从而面临道德和法律的双重风险。业财融合需要财务人员掌握更多的业务知识和数据分析能力，以适应新的工作环境和要求。随着信息技术的不断发展，财务人员需要掌握数字化工具与技术，如SQL/Python/BI工具、RPA（机器人流程自动化）、云计算与ERP系统等，如果未能及时学习和掌握这些技能，将难以胜任新的工作角色。老一代财务人员可能面临知识断层，对新技术的掌握程度不足；而新一代财务人员则可能缺乏实践经验，实际操作能力有待提高。岗位胜任能力的缺失，将会给企业带来经济损失。由此可见，财务人员的技能风险不容忽视。

二、法律风险应对策略

财务人员面临的法律风险主要包括因缺乏法律意识或者故意为之而导致的违规操作风险、受迫于各方关系而产生的风险，以及因工作繁杂性而产生的无意过失风险。

首先，财务人员违反法律规定，违规操作，如提供虚假报告、偷漏国家税款等行为，将面临的法律风险在前几章已详细论述，不再赘述。

其次，因业财融合，财务人员与业务人员有了更多共事的机会，这种工作性质和机会使得财务人员面临更多的压力或诱惑，可能参与不合规的经济活动。应对此类法律风险，财务人员应有底线思维，对可能引发系统性风险的行为，如资金链断裂、重大不合规事件等坚决说不，避免成为共犯。

三、道德风险应对策略

财务人员的道德风险，是指财务人员在处理业务的过程中，财务人员可能涉及的违背道德规范和诚信原则的行为。这些行为包括财务人员违反职业道德规范、泄露客户机密信息、收受回扣；受到利益冲突的影响，在个人利益和企业利益之间选择更有利于自己的利益，而非基于公正原则作出遵循职业道德的选择；利用职务之便，以欺诈手段从企业获取财务利益，如虚报工时、滥用公司资源等。虽然这些行为损害了企业和其他利益相关方的利益，但由于没有达到一定的标准或规定，不会受到法律的制裁。虽然道德风险不会直接导致法律上的责任，但会损害个人或企业的声誉，影响社会信任度。

业财融合为财务人员提供了违背道德规范和诚信原则的机会，尤其是在受到利益诱惑时，选择作出不符合事实或规定、不利于企业和他人，却又不至于受到法律制裁的行为。

财务人员应对道德风险的关键在于加强思想道德教育、增强职业操守，并严格控制私欲和贪念。

首先，通过学习法律风险造成的事故和案件，财务人员可以从中吸取教训，认识道德风险的模糊性极其容易导致违法违纪行为的发生，给自己的职业生涯带来严重的后果，从而自觉抵制这些行为，并树立正确的价值观和职业观，增强遵守职业操守的能力。

其次，财务人员需要严格控制自己的私欲和贪念。在业财融合的背景下，财务人员面临更多的诱惑和压力，因此必须时刻保持清醒的头脑，绝不容许自己触碰法律红线。只有这样，才能确保自己的行为合法合规，避免陷入道德风险。

最后，控制道德风险也是企业履行法律和伦理责任的基本要求。财务人员应当推动企业遵守相关法律法规，遵循道德规范，完善内部控制制度，为自己提供一个良好的遵章守纪氛围，降低面临道德风险的可能性。

四、技能风险应对策略

在当今企业管理不断演进的大背景下，业财融合逐渐成为一项至关重要的趋势。在业财融合过程中，财务人员需要从传统的核算角色转型为业务合作伙伴，从而实现业务与财务部门之间的有机融合。这对财务人员的技能结构提出了更高的要求。以下是财务人员可能面临的技能风险及其应对策略。

（一）技能风险

1.跨领域业务知识匮乏

这一风险主要表现在对业务运作模式、市场环境、客户需求等方面缺乏足够的了解，或者理解浮于表面，难以将财务数据与实际的业务情况紧密结合。这可能导致财务人员提供的财务支持缺乏针对性和有效性，无法真正满足业务部门的需求。

财务人员难以准确识别业务运作中潜在的财务风险，造成的后果是财务建议与业务的实际情况脱节，影响企业的决策质量，直接导致企业错失发展机遇或在决策中出现偏差，从而失去业务部门的信任，使业财融合沦为空谈。

2.数据分析与数字化能力不足

数据如同散落的珍珠，如果没有有效的串连，就无法发挥其应有的价值。在面对海量的业务和财务数据时，财务人员缺乏有效的数据分析工具和方法，无法从中提取有价值的信息，或对ERP、财务共享系统的功能掌握不深，导致分析结果滞后或失真。

数据分析能力的不足使得财务人员难以发现业务运营中的潜在问题，无法为业务的优化提供有力的数据支撑。这将降低财务工作的附加值，使财务部门在企业中的地位和作用受到限制。不仅如此，在财务部门难以提供实时决策支持信息的情况下，可能导致企业管理层误判业务趋势。

3.沟通与协同能力欠缺

无法用财务语言与非财务部门沟通，无法准确理解业务部门的需求，或在跨部门协作中因缺乏项目管理经验导致流程卡顿。

沟通协调能力的不足将导致业财协同效率低下，业财融合进程缓慢，造成企业资源的浪费，甚至产生误解和冲突，影响企业的内部和谐与稳定。

4.战略思维与前瞻性预测能力薄弱

财务人员过度依赖历史数据，缺乏对行业趋势、市场风险的敏感性，无法构建动态财务模型，如情景分析、敏感性测试，使财务人员形成不了真知灼见，也使企业的预算编制与资源配置偏离战略目标，企业抗风险能力下降。

因此，财务人员无法摆脱业务部门对其的传统看法，这也使得业财融合只停留于口号而无法实质性融合。

5.新技术应用滞后

财务人员对人工智能（AI）、区块链、RPA（机器人流程自动化）等技术在业财融合中的应用场景不熟悉，难以推动财务流程自动化。

新技术工具应用能力的不足会导致财务人员的工作效率低下，无法充分利用信息技术提升财务工作的自动化和智能化水平。这不仅使财务部门在企业中的竞争力下降，难以满足现代化企业管理的要求，还造成了财务运营效率落后于竞争对手的局面，使企业的成本优势进一步丧失。

（二）规避技能风险的策略

1.构建分层技能培训体系

从基础技能强化和业务知识融合两个层面形成提升技能的培训体系。

（1）基础技能强化

时刻关注信息技术的发展动态，积极学习掌握新的财务软件和数据分析工具，训练财务建模、风险管理和资本运作能力。通过实践不断提升自己的技术应用水平，适应业财融合的智能化发展趋势。例如，针对数字化工具开展实操培训，提升数据清洗、可视化呈现能力。

（2）业务知识融合

定期轮岗或组织业务专家授课，深入理解采购、生产、销售等环节的运营逻辑。例如，主动参与业务部门的会议、培训和项目，深入了解业务流程、市场环境和客户需求。通过实践，不断提升自己的业务理解能力，增强业务与财务工作的契合度，将财务知识与业务实际情况相结合。只有这样，财务人员才能真正成为业务部门的合作伙伴，为企业的决策提供有力支持。

2.建立技能评估与认证机制

（1）财务人员先给自己的技能画像，通过测试来绘制自己的技能矩阵，识别短板，如数据分析、业务流程优化、新技术工具的应用等，再根据实际需要，补上短板。在此过程中，切记不可抱着先学会了再找机会应用的想法，而是根据企业实际需要和自身的实际情况，在实践中学习。须知“在战争中学习战争”的思想永不过时，且最为有效。

（2）要求关键岗位（如财务BP）必须通过业财融合相关认证（如管理会计师、财务数据分析师），持证上岗。其中，提升从海量数据中提取有价值的信息、为业务决策提供有力支持的数据分析能力，将使财务人员在企业中的地位更加重要，成为企业决策的重要参与者。

3.增强沟通协调能力

财务人员应注重提升自己的沟通技巧，学会倾听和理解业务部门的需求。同时，财务人员要清晰准确地表达自己的观点和建议，积极参与业财融合的各项工作，与业务部门建立良好的合作关系。财务人员还要学会用数据替代立场，避免陷入“财务VS业务”的立场对抗，始终以客观数据分析支撑决策。良好的沟通协调能力，将使财务人员在企业中更加受欢迎和信任，为企业的业财融合进程提供有力保障。

4.主动拓展跨领域知识

财务人员应通过阅读书籍、参加培训、参与项目等方式，不断拓展自己的知识面，了解市场营销、生产运营等其他业务领域的基本知识和运作规律，并从全局角度分析问题，为业务部门提供更加全面和深入的财务支持。跨领域知识的拓展，将使财务人员在企业中的视野更加开阔，成为综合性的人才。

5.引入外部资源与对标学习

财务人员应对行业标杆进行研究。例如，分析领先企业（如华为IFS体系、阿里数据中台）的业财融合案例，提炼可复用的方法。同时，取得专家智库的支持，与咨询公司或高校合作，引入前沿技术，如AI预测模型，并内化落地。

通过上述策略，财务人员可在业财冲突中既有效管控风险，又避免被边缘化为“业务绊脚石”，最终推动企业从“对抗式融合”转向“共生式融合”。

业财融合对财务人员的能力要求已从“专业深井型”向“跨界复合型”转变。企业需要通过 “技能重塑+技术赋能+机制保障”三位一体的策略，帮助财务团队跨越能力鸿沟。同时，财务人员需要主动拥抱变革，从“数据搬运工”转型为“业务导航者”，以技能升级驱动企业价值增长。